Wozu soll ich denn noch leben?
Armin Kaster

K.
L.
A.
R.

**K**urz – **L**eicht – **A**ktuell – **R**eal


**Impressum**

| | |
|---|---|
| **Titel** | **Wozu soll ich denn noch leben?** |
| **Autor** | Armin Kaster |
| **Titelbildmotiv** | © quayside/fotolia.com |
| **Druck** | DRUCKZONE, Cottbus |
| **Verlag** | Verlag an der Ruhr<br>Alexanderstr. 54 – 45472 Mülheim an der Ruhr<br>Postfach 102251 – 45422 Mülheim an der Ruhr<br>Tel. 02 08/439 54 50 – Fax 0208/439 54 239 |



**ISBN 978-3-8346-0644-0**


**geeignet für die Altersstufe** 11 **12 13 14 15 16** 17

Die Schreibweise der Texte folgt der neuesten Fassung der Rechtschreibregeln – gültig seit August 2006.

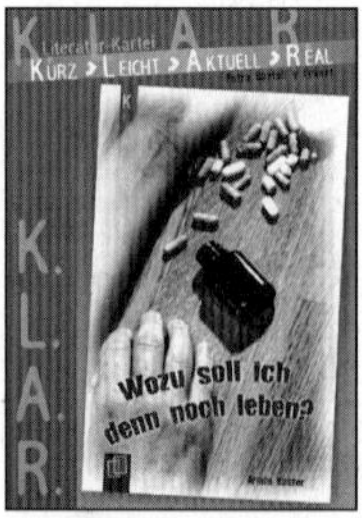


**Begleitendes Unterrichtsmaterial:**

*K.L.A.R. – Literatur-Kartei:*
**„Wozu soll ich denn noch leben?"**
Petra Bartoli y Eckert
Kl. 7–10, 64 S., A4, Papph.
ISBN 978-3-8346-0645-7
**Best.-Nr. 60645**

**Ich grüße dich!**

„Ist es nicht seltsam, über Selbstmord zu schreiben?“, wurde ich in den letzten Wochen, als ich diesen Roman schrieb, von Freunden und Bekannten gefragt.
Diese Frage ist berechtigt. Und mehr als einmal habe ich sie mir auch gestellt. Denn das Thema „Selbstmord“ ist alles andere als fröhlich und kann einen ganz schön runterziehen.
Ich habe den Roman dennoch geschrieben. Weil ich das Leben liebe. Und weil sich ein Freund von mir als Jugendlicher auch umbringen wollte. Zum Glück hatte er es aber nicht geschafft. Dieser Freund war sich damals ganz sicher, dass er nicht mehr leben wollte, und er hätte alles darum gegeben, nicht mehr auf dieser Welt sein zu müssen. Doch heute ist er glücklich, dass er lebt.
Und ich bin auch froh, dass es ihn gibt!
So ein Glück hat bestimmt nicht jeder.
Und nicht jeder hat die Hoffnung, dass das Leben irgendwann einmal wieder besser wird.
Aber das Beispiel meines Freundes hat mir gezeigt, dass es vielleicht doch einen Weg

gibt. Ein Weg, der einem erst ganz langsam klar wird, der aber zurück ins Leben führt.

Und jetzt wünsche ich Dir – trotz des bedrückenden Themas – eine gute Zeit mit dem Buch!

Armin Kaster

# 1

„Wir gehen ins San Marco“, sagte Benny. „Du kommst doch mit, oder?“
Leon hörte Benny zwar, aber er schaute zu Boden und sagte nichts.
Die letzten Stunden waren ausgefallen. Herr Hamm war krank. Auf Sport hatte Leon sowieso keine Lust. Er fühlte sich wieder richtig schlecht.
„Nee“, sagte Leon nach einer ganzen Weile, „muss noch was erledigen.“
Benny sah Leon fragend an. Die beiden waren seit der fünften Klasse Freunde. Aber seit einigen Wochen hatte sich Leon verändert. Er zog sich immer mehr zurück und war verschlossen. Und dann wurde er plötzlich aggressiv und tobte rum. Richtig unberechenbar war Leon geworden.
„Was musst du denn erledigen?“, wollte Benny wissen.
Da kam Kathie plötzlich angebraust und hielt Benny von hinten die Augen zu. Der grinste und sagte: „Laura? Kim? Jenny?“
Dafür fing er sich von Kathie einen Stoß in die Rippen ein. Die beiden waren seit zwei

Wochen zusammen. Kathie tat so, als würde sie schmollen, doch Benny zog sie an sich heran.
„Komm schon", sagte er und gab ihr einen Kuss. Schnell war Kathie versöhnt und lächelte Benny an. Keiner der beiden merkte, dass Leon sich still und leise verdrückt hatte.

„Was machst du denn hier?", blaffte Marlon, Leons älterer Bruder.
Er kam aus dem Bad und war halb nackt.
Leon sah von seinem Bruder zur Badezimmertür. Ein Schatten huschte zur Seite. Dann flog die Tür mit einem lauten Knall zu. Vermutlich war das Bea, Marlons zickige Freundin.
Leon wollte sich an seinem großen Bruder vorbei in sein Zimmer schieben.
„Brüderchen, du störst", sagte Marlon und stellte sich ihm in den Weg. „Die Schule kannst du auch woanders schwänzen."
„Von wegen schwänzen. Der Hamm ist krank", sagte Leon.
Er roch das Deo seines Bruders. Dessen Oberkörper war durchtrainiert. Marlon spielte in der 1. Mannschaft der Red Tigers und war

der Quarterback seines Teams. Leon konnte American Football nicht ausstehen. Die Typen sahen aus wie aufgepumpte Actionfiguren, und die Mädels hüpften mit ihren dämlichen Puscheln rum und sangen oberbeknackte Cheerleader-Songs. Bea gehörte auch dazu.

„Kann ich mal durch?“, piepste Bea und lächelte Leon süßsauer an. Sie hatte sich ein viel zu kurzes Handtuch umgelegt und verschwand in Marlons Zimmer.

„Glotz nicht“, knurrte Marlon und gab Leon eine Kopfnuss.

Leon fühlte sich schlagartig klein und hässlich. Besonders, wenn er die Muskelpakete seines Bruders sah. Er selbst war eher schmächtig.

„Und das nächste Mal sagst du uns vorher, wenn du wieder störst“, rief Marlon hinterher. „Oder ich erzähl’ dem Alten mal von eurem Versteck.“

Der Alte, das war Leons Vater. Er war ein strenger Mensch, bei dem nur die Arbeit und Leistung zählte. Das hatte Leon schon immer zu spüren bekommen.

Und das Versteck?
Leon wurde ganz schlecht, wenn er daran dachte. Das durfte Marlon nicht tun. Das durfte er einfach nicht verraten!
Seit Marlon von dem Versteck wusste, war Leon klar, dass ihn sein Bruder unter Druck setzen konnte. Leon hatte nicht viel, was ihm Spaß machte. Das Versteck war das Einzige, was ihm wirklich wichtig war.
Das Versteck und Benny. Und natürlich auch die Clique, klar.

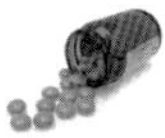

„Warum bist du denn so schnell abgehauen?“
Benny war am Telefon. Obwohl sie beide im selben Hochhaus wohnten, telefonierten sie. Bevor Leon antworten konnte, plapperte Benny schon lustig drauf los.
„Jenny, Betty und Fabian waren auch noch mit. Hast nur du gefehlt. Ehrlich! Ach, und das mit Kathie, das wird auch immer besser. Morgen Abend sind ihre Eltern im Kino. Und soll ich dir mal sagen, wo ich morgen Abend bin? ...“
Bennys Worte erreichten Leon kaum. Er saß auf dem Bett und starrte auf die gegenüber-

liegende Wand. Er fühlte sich leer und kraftlos. Benny redete einfach weiter. Der merkte anscheinend gar nicht, dass Leon schwieg. Erst als Benny sagte: „... ich dachte, ich zeig' den anderen mal den Keller“, wurde Leon wach.

„Was dachtest du?“

Leon fühlte sich wie eben, als Marlon damit gedroht hatte, ihrem Vater das Versteck zu verraten.

„Ey, komm“, sagte Benny. „Früher oder später müssen wir den anderen den Keller zeigen.“

Leon wusste nicht, was er sagen sollte. Benny hatte ja Recht. Aber heute war wieder so ein Tag, an dem sich Leon völlig beschissen fühlte. Irgendwie hatte er auf nichts Lust. Und gegen den aufgekratzten Benny konnte er sich erst recht nicht durchsetzen.

„Hallo!? Erde an Leon! Ist da wer? Ist da menschliches Leben auf dem Raumschiff Leon Strack?“

Leon lachte. Das musste er seinem Freund schon lassen: Aufmuntern konnte er ihn.

Leon verließ die Wohnung und fuhr mit dem Fahrstuhl nach unten. Dort war das Versteck, ein kleiner Raum hinter dem Fahrradkeller. Den hatte er entdeckt, als er vor drei Wochen nach einer Luftpumpe gesucht hatte. In der hintersten Ecke hatte er die kleine Tür gesehen. Dahinter befand sich ein Raum, fast so groß wie Leons Zimmer. Darin stank es zwar abartig, aber nachdem Leon eine kleine Luke geöffnet hatte, verzog sich der Geruch schnell. In dem Raum war es dämmrig und gemütlich.
In dem Moment hatte Leon gewusst, dass er den Kellerraum einrichten würde. Ein Zimmer am Rande der Welt.

„Ich hab' noch ein paar Decken organisiert", sagte Benny, der plötzlich durch die kleine Tür gekrochen kam. „Meine Mutter wollte die schon wegtun."
„Zieh den Karton vor die Tür", zischte Leon. Er hatte sich das angewöhnt, weil er nicht wollte, dass jemand das Versteck fand. Doch Marlon hatte es entdeckt, weil er Leon vor drei Tagen einfach gefolgt war. So war Leons

großer Bruder: Wenn er ein Geheimnis witterte, ließ er nicht mehr locker. Nicht umsonst arbeitete er bei einem Security-Dienst.
„Stell dich nicht so an", konterte Benny. „Wird schon keiner kommen."
Mitten im Raum stand eine Kerze und tauchte den Keller in goldenes Licht.
Benny grinste Leon an und sagte:
„Guck mal, was ich Gutes organisiert habe."
Benny zog aus seiner Jacke einen Joint.
Nach einer Viertelstunde hatten sie den Joint geraucht. Obwohl beide erst 15 waren, kifften sie manchmal und tranken auch Alkohol.
„Ich glaub', ich fliege", sagte Benny und bog sich vor Lachen.
Bei Leon hatte der Joint eine ähnliche Wirkung. Er fühlte sich plötzlich besser.
Die unerklärliche Angst und die Traurigkeit, die ihn seit einigen Tagen wieder begleiteten, waren weniger geworden.
„Das Zeug ist gut", murmelte Leon und sah lächelnd zu Benny. Der lag ausgestreckt auf einer Decke und grinste. Die Kerze warf flackernde Schatten an die Wand.
„Und was sagst du zu der Idee?", fragte Benny.

Benny wollte mit den anderen eine kleine Party im Keller veranstalten.
Leon zuckte mit den Schultern.
„Weiß nicht ...“, murmelte er.
Aber eigentlich wusste er es genau. Er wollte hier unten allein sein. Allein oder mit Benny.
„Ach komm schon“, sagte Benny. „Die sind doch in Ordnung. Außerdem bekomme ich am Freitag Gras. Total reines Zeug. So was hast du noch nicht geraucht.“
Leon kiffte gern. Wenn er breit war, fühlte er sich leicht und nicht mehr so nervös und abgeturnt.
„Von mir aus“, murmelte er und wusste gleichzeitig, dass er es nur für Benny und wegen des Grases tat.

# 2

„Leon! Jetzt komm endlich zum Essen“, rief die Mutter.

Sofort bekam Leon schlechte Laune. Seine Mutter hatte wieder ihren Kreischton drauf. Fehlten nur noch der Hauskittel aus geblümtem Stoff und der Putzlappen über der Schulter.

„Schaut die eigentlich auch mal in den Spiegel?“, fragte sich Leon.

„Guten Abend, Schlaffi“, begrüßte ihn Angelina, seine ältere Schwester. Sie saß schon am Tisch und grinste ihn spöttisch an. „Haste gepennt?“

Leon setzte sich. Der Joint wirkte nicht mehr. Er war nur noch müde.

Hinter sich hörte er den Vater in die Küche kommen. Wortlos setzte der sich an den Tisch und füllte seinen Teller. Dabei drehte er jede Kartoffel 3-mal rum. Anscheinend war ihm nur das Beste gut genug.

„Hier nimm mal“, sagte die Mutter.

Weil Leon nicht sofort reagierte, bekam er einen Schlag in den Rücken. Marlon war gerade in die Küche gekommen und knurrte:

„Mensch, Leon, schlaf nicht."
Angelina verdrehte die Augen.
„Wo haben wir den nur her?", sagte sie und sah Leon mit funkelnden Augen an.
„Das frage ich mich auch", ergänzte die Mutter und knallte die Schale mit dem Gemüse auf den Tisch.
Leon fühlte heiße Wut in sich aufsteigen. Gleichzeitig war er machtlos und wusste nicht, wie er sich gegen seine Familie wehren konnte. Hier hatten es wohl alle auf ihn abgesehen. Und obwohl er wütend war, hielt er seinen Mund. Gegen diese Überzahl fühlte er sich einfach unterlegen. Er spürte ganz deutlich, dass hier alle gegen ihn waren.

„Ich möchte mal wissen, von wem er das hat?", sagte die Mutter und setzte sich an den Tisch.
Angelina und Marlon warfen sich viel sagende Blicke zu. Die Mutter kaute ihr Essen mit saurer Miene. Sie hatte nie verheimlicht, dass sie nur zwei Kinder gewollt hatte.
Und dann war noch Leon geboren worden.
Als ungewollter Nachzügler.

„Jeden Tag das Gleiche“, sagte sie. „Ich gehe die ganze Woche putzen, mache auch noch den Haushalt, und Leon schafft es nicht mal, pünktlich zum Essen zu kommen. Marlon verdient wenigstens Geld, und Angelina macht im nächsten Jahr ihr Abi.“
Mit einer knappen Kopfbewegung deutete sie auf Leon.
„Hey, was soll das?“, platzte Leon, der endlich genug hatte.
Jetzt hob der Vater den Kopf.
„Sei still, und iss“, sagte der nur knapp und sah Leon kurz an. Dann aß er schweigend weiter.
Marlon und Angelina grinsten.
Leon stopfte sich das braune Gulasch in den Mund und versuchte, zu schlucken, ohne sich übergeben zu müssen. Er hatte schon lange keine Lust mehr auf das Abendessen mit seiner Familie. Leon wünschte sich weit weg. So weit, dass ihm niemand folgen könnte. Aber wo sollte er hin?

„Klar, Oma. Morgen Mittag bin ich da. Sag noch mal kurz, was du alles brauchst.“

Leon telefonierte mit seiner Oma.
Frau Strack, die Mutter seines Vaters, lebte zwei Blocks weiter in einer kleinen Ein-Zimmer-Wohnung und brauchte manchmal Hilfe. Seine Geschwister waren meistens weg, seine Mutter arbeitete, und auch der Vater ließ sich bei seiner Mutter nur zu Geburtstagen und an Weihnachten blicken. So kam es, dass meist Leon für seine Oma sorgte.
„Alles klar, ich hab's aufgeschrieben: Butter, Salami, Schokolade und eine kleine Flasche Sekt", wiederholte Leon die Bestellung seiner Oma.
„Geben die dir schon Sekt?", wollte die alte Dame wissen.
„Geht schon klar", sagte Leon. „Lass das mal meine Sorge sein."
Die Oma war der einzige Mensch, bei dem sich Leon wirklich gut fühlte. Sie war immer für ihn da gewesen. Bei ihr gab es keine Nörgeleien. Sie liebte ihren Enkel. Ohne Gemecker, einfach wie er war. Das kannte Leon vom Rest seiner Familie nicht.
„Ich bin dann um drei bei dir. Schlaf gut, Oma."

Den restlichen Abend verbrachte Leon auf seinem Bett und hörte Musik. Eigentlich musste er seinen Praktikumsbericht schreiben. Die anderen aus seiner Klasse hatten den Bericht schon abgegeben, nur seiner fehlte noch.
„Es ist einfach zum Kotzen ...“, sprach Leon mit sich selbst. Ihm fehlte einfach die Power, sich an die Arbeit zu machen. Am liebsten hätte er sich die Decke über den Kopf gezogen und wäre bis zum Wochenende im Bett geblieben. Aber auch das Wochenende war nicht der Knaller. Jetzt würden die anderen das Versteck kennen lernen.
Sein Versteck. Seine Höhle, in die er kriechen konnte, wenn es ihm mies ging.
Und es ging ihm mies. Ihm war alles zu viel. Die ständigen Nörgeleien seiner Familie, Bennys neue Freundin und überhaupt alles.

„Ich verrate dir was, Leon Strack. Wenn du nicht bald mal die Kurve kriegst und deinen Allerwertesten hoch bekommst, dann stehst du am Ende der zehnten ziemlich blöd da“, polterte Herr Gerber, Leons Deutschlehrer.

„Morgen sehe ich deinen Praktikumsbericht. Letzte Ansage."
Leon sah zu Benny.
Der machte irgendwelche Mundbewegungen und verdrehte die Augen.
Doch Leon war genervt und sah aus dem Fenster. Plötzlich durchfuhr Leon eine Welle der Wut. Ohne es recht zu merken, sprang er auf und lief durch den Klassenraum, direkt auf die Tür zu.
Leon fühlte sich wie ferngesteuert. Hinter ihm rief Herr Gerber:
„Leon?! Was wird das jetzt?"
Doch Leon kümmerte sich nicht darum, drückte die Klinke und war draußen. Er stand im Flur und hörte Herrn Gerber ein zweites Mal rufen: „Leon! Komm sofort zurück ..."
Den Rest hörte er nicht mehr. Er war schon fast am Ende des Flures.
Das tat gut. Das tat mal so richtig gut.
Leon lief den Gang hinunter.
Als er kurz vor der Glastür war, rief Herr Gerber durch den Flur: „Leon! Das hat Konsequenzen!"
Doch Leon war das egal. Er hob die rechte Hand und streckte seinen Mittelfinger aus.

Sollte der Gerber ruhig sehen, wie egal ihm alles war. Dann war er weg.

„Und den Sekt hast du auch bekommen“, sagte die Oma und strahlte ihren Enkel an.
„Hab’ ich doch gesagt“, grinste Leon und setzte sich an den Küchentisch.
‚Wenn die wüsste, was man sonst noch so bekommt‘, dachte er.
Vor ihm stand eine Tasse Kakao. Längst war sein größtes Glück nicht mehr Kakao. Aber die Oma stellte ihm noch immer eine Tasse heiße Schokolade vor die Nase, wenn er bei ihr war. Als Kind hätte er für Omas Kakao alles getan.
Aber jetzt wurde er erwachsen.
‚Schade‘, dachte Leon. Denn als Kind hatte er noch keine Sorgen gehabt. Zumindest konnte er sich nicht daran erinnern.

„Und, was macht dein Freund Benny?“, wollte die Oma wissen.
„Der hat eine Freundin“, antwortete Leon und verdrehte die Augen. „Die große Liebe.“

Die Oma lächelte und nickte mit dem Kopf. Dann sah sie Leon an.
„Und du? Wie sieht's bei dir aus?"
Schlagartig braute sich eine Gewitterwolke über Leons Kopf zusammen.
„Ach, Oma ...", sagte er mit hochgezogenen Augenbrauen. „Das hat noch Zeit."
Aber wenn er ehrlich gewesen wäre, hätte er gesagt: ‚Wer will schon einen wie mich? Und am liebsten habe ich meine Ruhe. Irgendwie hab' ich immer mehr Ärger in meinem Leben, und alles geht mir auf die Nerven.'
Aber das konnte Leon nicht sagen. Dafür fehlten ihm die Worte. Aber tief in sich spürte er es. Jeden Tag. Jede Minute. Jede Sekunde. Seine Familie behandelte ihn wie einen Aussätzigen, und Leon verstand nicht, warum. Und dann wunderten sie sich, dass ihm irgendwann wirklich alles egal geworden war.

Leon stand auf und stellte die Sachen in den Kühlschrank. Als er sich wieder setzte, fiel ihm auf, wie alt seine Oma geworden war. Sie saß mit krummem Rücken am Tisch. Sie wirkte richtig müde.

„Alles klar, Oma?“, fragte Leon.
Die alte Frau fuhr zusammen. Mit einem traurigen Lächeln sah sie ihren Enkel an.
„Ja, mein Lieber“, sagte sie und streichelte seinen Arm. „Unkraut vergeht nicht.“

„Setz dich bitte mal da hin.“
Der Vater zeigte mit der ausgestreckten Hand auf den Küchenstuhl.
Leon wusste, was das bedeutete. Sein Magen zog sich zusammen, und er setzte sich wortlos an den Tisch. Seine Mutter stand vor dem Herd und rührte in einem Topf.
„Ich hatte gerade einen Anruf von Herrn Gerber“, sagte der Vater. Seine Hände lagen ordentlich gefaltet auf dem Tisch. Man hätte denken können, er wäre ein freundlicher Mann, der mit seinem Sohn spricht. Doch er war ein Tyrann. Einer, der mit ruhiger Stimme die fiesesten Dinge sagte.
Leon wurde zunehmend übel. Die Art, wie sein Vater sprach, war irgendwie bedrohlich.
„Dein Lehrer hat mir da etwas sehr Unangenehmes erzählt.“
„Das war nur ...“, stammelte Leon.

„Still“, zischte der Vater und schloss die Augen. Er atmete gleichmäßig ein und aus, und es schien, als könnte er sich nur schwer zurückhalten, sich auf seinen Sohn zu stürzen. „Ich fange noch einmal von vorne an“, sagte er, jetzt wieder ruhig. Er öffnete die Augen und sah Leon kalt an.

„Herr Gerber hat mich heute angerufen. Du hast den Unterricht verlassen und dich unverschämt benommen. Außerdem steht noch dein Praktikumsbericht aus.“
Leon starrte auf den Tisch. Neben ihm klapperte die Mutter am Herd. Sie hielt den Kopf gesenkt und schwieg.
Der Vater beugte sich vor und sprach sehr leise weiter, fast flüsternd:
„Ich bin sehr enttäuscht. Aber was will man von dir auch groß erwarten?“
Leon spürte, wie sich der Blick seines Vaters tief in ihn bohrte. Er konnte es kaum ertragen. Dieser Blick war so vernichtend und kalt, dass sich Leon wie ein Stück Dreck fühlte. Wieso verstand sein Vater nicht, dass er nur so war, weil er ihn so behandelte?

„Du gehst jetzt in dein Zimmer. Dort wirst du dich an deinen Schreibtisch setzen. Und erst, wenn der Praktikumsbericht fertig ist, darfst du es wieder verlassen. Verstanden?“
Leon war wütend. In ihm kochte es, und am liebsten hätte er alles zerschlagen. Aber gleichzeitig fühlte er sich so machtlos. Er glaubte, an seiner Wut ersticken zu müssen. Gegen seinen Vater kam er einfach nicht an.
Leon nickte nur. Dann stand er auf.
Als er im Flur war, hörte er seinen Vater rufen: „Und das Essen fällt für dich heute aus!“

# 3

Du siehst ja krass aus“, sagte Benny und sah Leon von ganz Nahem in die Augen.
„Lass mich in Ruhe“, antwortete Leon. Er konnte sich selbst kaum hören, so leise sprach er.
In seinem Rucksack war der Praktikumsbericht. Dafür hatte der Vater gestern Nacht gesorgt. Leon hatte nur drei Stunden geschlafen. Um elf war der Vater ins Zimmer gekommen und hatte sich neben Leon an den Schreibtisch gesetzt.
„Du schreibst jetzt den Praktikumsbericht “, hatte er gesagt. „Und ich bleibe hier sitzen, bis du fertig bist. Von nichts kommt nichts. Oder glaubst du, ich hätte etwas im Leben geschenkt bekommen?“
Leon hatte seinem Vater nicht widersprochen.
„Hast du wieder Ärger?“, fragte Jenny.
Leon hob den Kopf und guckte sie verstohlen an. Sie sah ihn mit einer Mischung aus Neugierde und Mitleid an.
„Kann man so sagen“, murmelte Leon.
„Mit deinem Alten?“, fragte Betty.

Die anderen starrten Leon an. Er fühlte sich beobachtet und machte einen Schritt nach hinten.
„Was glotzt ihr so?“, wollte er wissen.
Fabian versuchte, Leon etwas Aufmunterndes zu sagen, und legte seine Hand auf dessen Schulter. Doch der war zu genervt, um das zu ertragen.
„Finger weg!“, rief Leon.
Mit einer schnellen Bewegung wischte er Fabians Hand von seiner Schulter.
„Hey Leon“, mischte sich Benny ein, „jetzt mach mal halblang. Wir können auch nichts dafür, wenn dein Alter spinnt.“
Nach ein paar Sekunden nickte er.
„Hast recht“, sagte er und hielt Fabian seine Faust entgegen. Fabian schlug mit seiner Faust dagegen, und gemeinsam gingen sie in die Klasse.

„So, jetzt noch einmal. Wer von euch hat schon eine Lehrstelle? Bitte klar und deutlich aufzeigen.“
Herr Gerber hatte mal wieder Probleme, sich gegen die Klasse durchzusetzen.

Leon sah sich um. Bei den Jungs waren es Mark, Kai und Linus, bei den Mädchen nur Zora und Tanja, die ihre Hände hoch hielten.
„Und wer von euch will auf eine weiterführende Schule?“, fragte Herr Gerber weiter.
Jetzt schossen alle anderen Hände hoch.
Leon überlegte kurz und meldete sich dann auch. Herr Gerber sah durch die Reihen.
Als er Leon ansah, verzog er sein Gesicht zu einer spöttischen Grimasse.
Dann sagte er: „Leon, du bleibst nach der Stunde hier. Wir haben etwas zu besprechen.“

Leon blieb einfach sitzen und wartete. Als der Letzte die Klasse verlassen hatte, stand Herr Gerber auf und lief vor der Tafel auf und ab. Leon konnte sich schon denken, was jetzt kam.
„Leon, im nächsten Jahr verlasst ihr die Schule“, begann Herr Gerber das Gespräch.
„Dann beginnt der Ernst des Lebens. Aber bei dir habe ich das Gefühl, dass du das einfach nicht begreifst.“
‚Du hast doch keine Ahnung‘, dachte Leon.
‚Was weißt du, wie ernst mein Leben ist?‘

Jeden Tag hatte Leon Angst vor dem Leben. Er wusste einfach nicht, wie er es auf die Reihe bekommen sollte. Und warum sollte er auch glauben, es auf die Reihe bekommen zu können? Schließlich glaubte sonst ja auch keiner an ihn.
„Leon, hörst du mir eigentlich zu?“, fragte Herr Gerber.
Leon wich seinem Blick aus.
„Außerdem möchte ich von dir noch eine Entschuldigung wegen deines gestrigen Verhaltens hören.“
„'Schuldigung“, sagte Leon und starrte weiter ins Leere.
„Meinst du, das reicht?“, sagte Herr Gerber.
Leon verschränkte die Arme und lehnte sich zurück. Er wusste nur eins: Herr Gerber war der Letzte, mit dem er über seine Probleme reden würde.
Aber mit wem dann?
„Ich versteh' dich nicht“, sagte Herr Gerber und steuerte in Richtung Tür. „Du bist wirklich ein komischer Kauz geworden.“
Damit war das Gespräch beendet.

Leon ging direkt in den Keller. Die letzte Stunde hatte er geschwänzt, und auf die Leute aus seiner Clique hatte Leon heute keinen Bock. Ihm reichte es schon, dass sie am Samstag alle in den Keller kommen würden.
Leon zündete die Kerze an und legte sich auf die Decke. Aus seinem MP3-Player kam nur Schrott. Er drückte jeden Song nach wenigen Tönen weiter. Dann pfefferte er das Ding in die Ecke. Er wippte nervös mit dem Bein.
In seinem Kopf liefen die Gedanken wie im Karussell:
*Ärger in der Schule.*
*Zu Hause der letzte Depp.*
*Immer Stress mit irgendwem.*
*Ständig muss man sich anpassen.*
*Viel zu viele Leute überall.*
*Alle kümmern sich doch nur um sich selbst.*
*Ich bin viel zu unmännlich.*
*Und vor allem: Wie peinlich ist es eigentlich, so drauf zu sein?!*
Leon kam sich wie der Oberschwächling vor.
Benny war immer locker drauf.

Nur er bekam nichts auf die Reihe. Er fühlte sich wie das größte Weichei. Wie sollte aus ihm nur ein Mann werden?
„Verdammt“, flüsterte Leon und erschrak vor seiner hellen Stimme. So ruhig war es hier unten. So unendlich ruhig und still.
„Ist ja fast wie in einem Sarg“, dachte er und musste lächeln.
Zum ersten Mal an diesem Tag.

Das Abendessen war für Leon wie immer eine Katastrophe. Heute war der Vater ausnahmsweise gesprächiger. Doch das war auch nicht besser, als wenn er einfach nur schwieg.
„Das muss er einfach lernen“, sprach er in seiner ruhigen und trotzdem bedrohlichen Art. „Was Hänschen nicht lernt, lernt Hans nimmermehr.“
Marlon, Angelina und die Mutter hörten ihm aufmerksam zu. Nur Leon konnte den Mist nicht ertragen. Es ging um ihn. Klar, immer nur um ihn. Oder besser: gegen ihn.
„Wenn ich mich nicht neben ihn gesetzt hätte, würde noch immer kein Wort in dem

Berichtsheft stehen“, sprach der Vater weiter. Er schaute mit stolzem Blick in die Runde. Leon versuchte, sich ausschließlich auf das Essen zu konzentrieren, auch wenn er keinen Hunger hatte.

„Hörst du eigentlich zu?“, fragte die Mutter.

„Jaaa ...“, sagte Leon und starrte auf seinen Teller. Er spürte alle Augen auf sich gerichtet. Wenn sie einfach mal über was anderes reden könnten.

„Kann ich aufstehen?“, fragte Leon.

Plötzlich war es ganz ruhig. Marlon räusperte sich, und Angelina schaute zwischen Leon und dem Vater hin und her. Der legte die Gabel leise neben den Teller und faltete die Hände.

„Aber sicher, mein Sohn“, sagte der Vater und lächelte.

Leon traute dem Braten nicht. Trotzdem stand er auf und verließ die Küche.

Als er im Flur war, hörte er die Hand seines Vaters auf den Tisch knallen.

„Und du brauchst auch gar nicht mehr zurückkommen. Am besten bleibst du für die nächsten Tage in deinem Zimmer. Ich kann dich nämlich nicht mehr ertragen!“

„Arschloch“, zischte Leon, als er die Tür hinter sich schloss.
Trotzdem war er erleichtert, der abendlichen Hölle entkommen zu sein. Und gleichzeitig fühlte er sich schlecht. Er kam sich wirklich wie ein Versager vor. Warum schaffte er es einfach nicht, sich gegen seinen Vater zu wehren?
Benny zoffte sich auch oft mit seinem Alten. Aber Benny traute sich wenigstens was und gab auch mal Widerworte. Und dann gingen Benny und sein Vater regelmäßig zusammen zum Fußball. Leon konnte sich nicht daran erinnern, überhaupt schon mal etwas mit seinem Vater gemacht zu haben. Eigentlich hatte der immer nur gemeckert und ihm gesagt, was er alles anders machen soll. Leon fühlte, dass er eigentlich nicht erwünscht war.

# 4

Kathie, du besorgst die Chips?“
Benny war in seinem Element.
Er organisierte die Party.
Leon stand etwas abseits und schwieg.
„Und du?“, fragte Benny. „Was bringst du mit, Betty?“
„Na, Cola oder so“, sagte Betty.
„Können wir doch zusammen machen“, sagte Jenny.
„Also gut“, sagte Benny. „Fehlt noch was mit Prozenten. Fabian, was ist mit dir? Organisierst du was?“
„Klar“, sagte Fabian und strich sich eine Strähne aus dem Gesicht. „Meine Eltern haben einen Weinkeller, wenn du verstehst?!“
Benny grinste und sagte: „Dann bleibt nur noch die Musik.“
Er schaute sich um. Bis auf Leon und er selbst hatten alle eine Aufgabe.
„Und du, Leon?“, fragte Benny. „Kannst du deine Anlage klar machen? Musst sie ja nur in den Fahrstuhl tragen.“
Leon zuckte mit den Schultern. Ihm kam die ganze Party quer. Am liebsten hätte er

abgesagt. Es war doch sein Keller. Den wollte er eigentlich mit niemandem teilen. Höchstens mit Benny.
„Was ist?“, fragte Benny. „Geht das jetzt klar mit deiner Anlage?“
Leon nickte kurz. Er hatte ja keine Wahl. Das waren schließlich seine Freunde. Auch wenn er im Moment lieber allein war.

„Hallo ...! Seid ihr zu Hause? Hier ist Oma.“
Dann ein Piepton auf dem Anrufbeantworter.
Leon runzelte die Stirn. Was hatte das zu bedeuten? Seine Oma sprach eigentlich nie auf den Anrufbeantworter. Warum dann heute? Und vor allem: Warum klang die Oma so besorgt, fast ängstlich?
Leon wählte die Nummer seiner Oma.
Nachdem er es mindestens 20-mal hatte klingeln lassen, legte er wieder auf.
„Seltsam“, sagte er und dachte kurz nach.
Dann lief er los und war in fünf Minuten bei seiner Oma. Er hatte zur Sicherheit den Ersatzschlüssel für die Wohnung dabei.
Und das war auch gut so. Denn seine Oma öffnete nicht, als er bei ihr klingelte.

Leon spürte, wie ihm ganz schlecht wurde. Plötzlich bekam er richtige Angst.
Er öffnete die Haustür und rannte durchs Treppenhaus in die dritte Etage. Mit zitternden Händen schob er den Wohnungsschlüssel ins Schloss und stürmte in die Wohnung.
„Oma? Bist du da?“, rief er und lief durch alle Zimmer.
„Oma! Wo bist du?“
Leons Stimme war laut und aufgeregt.
Und dann fand er sie. Im Schlafzimmer. Sie lag vor dem Bett. Seltsam verdreht. Das eine Bein abgewinkelt, den Kopf unnatürlich nach hinten verbogen. Vor ihr lag das Telefon. Doch sie konnte es nicht erreichen.
„Oma!“, rief Leon und hockte sich auf den Boden.
Seine Oma versuchte, zu lächeln. Doch es gelang ihr nicht.
„Oma, jetzt sag doch was!“
Doch die alte Dame konnte nicht sprechen. Und an Aufstehen war schon gar nicht zu denken.
Leon überlegte kurz, was er tun musste. Dann fiel ihm der Krankenpfleger ein, der einmal am Tag zu seiner Oma kam und sie

versorgte. Er lief in den Flur und rief die Pflegestation an, wo der Pfleger arbeitete.

„Sie können sich bei ihrem Sohn bedanken, dass ihre Mutter noch lebt“, sagte der Arzt. Leon stand mit seinen Eltern vor dem Krankenbett. Darin lag die Oma und schlief. Die ganze Aufregung hatte sie sehr angestrengt.

„Wenn Leon nicht gewesen wäre, hätte ihre Mutter möglicherweise einen weiteren Infarkt bekommen und wäre jetzt tot.“

Der Arzt nickte Leon zu und legte ihm die Hand auf die Schulter.

Die Eltern standen stocksteif im Raum und starrten auf das Krankenbett. Sie sagten keinen Ton.

„Ihre Mutter braucht jetzt vor allem Ruhe“, fuhr der Mann in dem weißen Kittel fort. „Ich brauche Ihnen ja nicht zu sagen, wie gefährlich ein Herzinfarkt ist. Morgen werden wir noch eine Reihe Untersuchungen machen, und dann wissen wir Genaueres. Wichtig ist, dass sie die Nacht gut übersteht. Ihre Mutter ist bei uns in besten Händen.“

Leon war noch immer durcheinander. Nachdem der Pfleger gekommen war, war alles ganz schnell gegangen: Zwei Notärzte stürmten in die Wohnung, hoben die Oma auf die Tragebahre und brachten sie mit Blaulicht ins Krankenhaus. In der Zwischenzeit war er nach Hause gelaufen, hatte seinen Vater in der Firma und seine Mutter übers Handy erreicht. Dann waren sie zu dritt ins Krankenhaus gefahren. Während der ganzen Zeit hatte niemand gesprochen.

„Wie war denn euer Tag?“, wollte der Vater wissen.
Die Familie saß am Esstisch.
Leon stand im Flur und hörte zu.
„Wir hatten Training“, antwortete Marlon. „Wenn wir das Level halten, können wir sogar noch Meister werden.“
Der Vater nickte anerkennend. Dann sah er Angelina an.
„Und bei dir?“, fragte er.
„Och, das Übliche. Klausuren und so. Sieht aber ganz gut aus.“

Leon wusste nicht, ob er sich zu ihnen setzen konnte. Sein Vater hatte ihm ja verboten, mit ihnen zu essen. Er fühlte sich wie das fünfte Rad am Wagen. Das kannte er auch von seiner Clique, vor allem, seit Benny mit Kathie zusammen war. Aber das hier war seine Familie. Und heute war seine Oma ins Krankenhaus gekommen.
„Na, das klingt ja gut“, sagte der Vater und löffelte seine Suppe.
„Kann ich mich ...“, begann Leon.
„Du kannst in dein Zimmer gehen“, schnitt ihm der Vater das Wort ab. Dabei sah er ihn noch nicht einmal an.
Leon drehte sich um und ging in sein Zimmer. Sein Gesicht glühte vor Scham und Wut. Dass ihn seine Eltern ablehnten, wusste er. Aber was konnte er denn dafür, dass sie nur zwei Kinder haben wollten. Und ohne ihn wäre die Oma jetzt vielleicht tot.

Leon ließ sich auf sein Bett fallen.
Immer wieder dachte er an seine Oma.
Er machte sich riesige Sorgen um sie.
Und wenn sie sterben würde?

„Dann will ich auch nicht mehr leben“, flüsterte er.
Die Worte hallten wie ein Echo in seinem Kopf. Wurden größer und verursachten ihm einen richtigen Schwindel.
Tot sein. Was für eine seltsame Vorstellung. Aber wirklich schlimm war sie nicht. Eher beruhigend.
„Dann wär' endlich Schluss mit dem ganzen Mist“, flüsterte Leon ernst.

# 5

Der ist ja süß“, säuselte Ann-Kathrin, die plötzlich hinter Leon auftauchte. Mit dabei waren Sarah und Leons Schwester Angelina. Die drei Freundinnen schoben ihre Fahrräder über den Schulhof.
„Ist der schon vergeben?“, fragte Sarah, die sich bei Leon einhakte.
„Hast du ’nen Schaden?“, fauchte Leon sie an und versuchte, sich loszumachen. Leon spürte deutlich, dass sie ihn auf den Arm nahmen.
Die hatten ihm gerade noch gefehlt.
„Hey, was für ein Wilder“, flötete Ann-Kathrin, die sich jetzt an Leons andere Seite geschoben hatte.
Er versuchte, sie immer noch abzuschütteln, aber es gelang ihm nicht. Die beiden Mädchen hatten sich fest bei ihm eingehakt.
Angelina lief vor ihm her und grinste breit.
„Tja, Bruderherz, bist ganz schön begehrt.“
Leon sah im hinteren Teil des Schulhofs seine Freunde. Betty bemerkte ihn als Ersten und zeigte mit dem Finger auf ihn. Leon war das peinlich.

„Könnt ihr mich vielleicht mal loslassen?“, rief er.
„Oh, der Herr macht Zicken“, sagte Ann-Kathrin mit gespielter Empörung.
„Na, was tun wir denn da?“, fragte Sarah und grinste Ann-Kathrin an.
Plötzlich drängten sich die beiden Mädchen näher an Leon und küssten ihm auf die Wange. Das war zu viel. Leon explodierte. Er riss seine Arme mit aller Kraft zur Seite. Dabei traf er Sarah mitten im Gesicht. Die heulte auf und hielt sich die Hände vors Gesicht.
Leon war stinksauer und ging einfach weiter. Seine Freunde kamen auf ihn zu.
„Leon, wart doch mal“, rief Benny.
„Lasst mich bloß in Ruhe“, knurrte Leon und bog nach rechts ab.
Im Weggehen hörte er Angelina schreien: „Das darf doch nicht wahr sein. Deine Lippen bluten ja.“
Aber das störte Leon nicht mehr. Er war vor Wut völlig aus dem Häuschen und verließ den Pausenhof über den Seiteneingang.

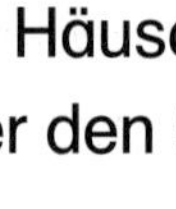

„Wir wissen noch nichts Genaues“, sagte die Krankenschwester.
Leon war ins Krankenhaus gelaufen. Es war halb neun. Normalerweise hätte er jetzt Bio bei der Frank. Aber die war so verpeilt, dass sie bestimmt nicht mitbekam, dass er fehlte.
„Deine Oma wird gerade untersucht“, fuhr die Krankenschwester fort.
Sie lächelte Leon an. Das tat ihm gut. Außer dem Arzt war sie der erste nette Mensch, den er seit gestern getroffen hatte.
„Und wann kann ich meine Oma sehen?“, fragte Leon.
„Komm am Nachmittag noch mal wieder“, sagte die Krankenschwester. „Heute Morgen hat deine Oma übrigens schon mit uns gesprochen. Das ist ein gutes Zeichen.“
Leon bedankte sich und verließ das Krankenhaus.

„Das sah nicht gut aus“, sagte Benny, der es sich auf dem Boden gemütlich gemacht hatte. „Ich glaube, die hat einen Riesenhass auf dich. Ehrlich. Ich würde mich mal auf Einiges gefasst machen.“

Leon war nach dem Krankenhaus sofort im Keller verschwunden. Benny war nach der Schule dazugekommen.
„Meinst du nicht, dass das ein wenig übertrieben war?“, fragte Benny. „Die hat echt schlimm geblutet.“
Leon fühlte sich wieder völlig antriebslos. Seit den vergangenen Stunden hatte er hier nur rumgehangen. Dabei war ihm gar nicht aufgefallen, wie die Zeit vergangen war.
„Was ist denn mit dir los?“, wollte Benny wissen. „Entweder flippst du aus, oder du bist völlig depri.“
Leon entging der genervte Ton in Bennys Stimme nicht. Er raffte sich auf, setzte sich mit dem Rücken an die Wand und hielt seine Beine mit den Armen umschlungen.
„Weiß ich auch nicht“, sagte er.
Sofort liefen seine Gedanken wieder im Karussell. Die Stille im Keller drang wie ein Nebel in ihn. Was sollte er schon groß sagen?
„Wenn du nicht mit mir redest, dann weiß ich es auch nicht“, sagte Benny und sprang auf die Füße. „Ich muss los, Kathie wartet.“
Er zog sich die Jacke über und ging zu der kleinen Tür. Kurz bevor er sich bückte,

um hinauszugehen, drehte er sich noch einmal um.

„Hast du überhaupt Bock auf die Party morgen?“

Leon sah in Bennys Gesicht. Er war ganz ernst.

Leons Mund war wie zu geschnürt. Es war ihm kaum möglich, zu sprechen. Nur mit Mühe sagte er: „Doch, sicher ...“

Benny nickte und verschwand durch die kleine Tür.

Leon spürte ganz deutlich, dass Benny enttäuscht und etwas wütend war. Aber er konnte nichts dagegen tun.

„Mein Leben ist echt beschissen“, sagte er und starrte wieder in das Licht der Kerze.

*Ich weiß, wie schrecklich es ist, sich allein zu fühlen und nicht mehr weiter zu kommen. Man verzweifelt und die Welt scheint unerträglich. Und nicht wir selbst sind schuld, sondern ALLE! Doch jeder drückt die Schuld von sich weg!!! Wieso??? Versteht ihr nicht, wie falsch das Ganze ist?*

Leon saß vor dem Computer und schaute sich das Video auf YouTube noch einmal an. Er sah aufgeschnittene Arme, blutige Rasierklingen, ein Mädchen, das eine Nachricht mit seinem eigenen Blut an die Wand schrieb. Dazu der düstere, anklagende Text. Er empfand das Video als krass. So viel Blut. Er wusste selbst nicht, warum er nach so was gesucht hatte und wie er zu dem Streifen gekommen war. „Findste gut, ja?"
Leon fuhr hoch. Hinter ihm stand Marlon. Der hatte sich mal wieder unbemerkt herangeschlichen.
„Kannst du nicht mal anklopfen?", fragte Leon und klickte das Video weg.
„Die sind doch völlig kaputt", sagte Marlon. „Die sollten mal Sport machen oder arbeiten gehen. Dann kommen die auch auf andere Gedanken."
Marlon tippte sich an die Stirn.
‚Du musst es ja wissen', dachte Leon.
Aber er traute es sich nicht zu sagen.
Als Marlon die Tür hinter sich schloss, sah sich Leon noch andere Videos an. Überall ging es um Selbstmord. Und immer sah er Rasierklingen und Blut.

„Ist ja ekelhaft", dachte Leon.
Aber gleichzeitig konnte er die Botschaft der Texte verstehen. Hier sprachen Menschen, die ähnlich fühlten wie er. Leon dachte darüber nach, wie er sich umbringen würde. Bestimmt nicht mit Rasierklingen.

Angelina machte eine riesige Szene beim Essen. Leon hörte sie bis in sein Zimmer. Dann kam sie mit dem Vater zu ihm.
„Du rufst jetzt bei Sarah an und entschuldigst dich", sagte der Vater. Er sprach wieder mit seiner bedrohlichen, leisen Stimme.
Angelina stand im Hintergrund und sah ihn aus wütenden Augen an.
„Mach' ich morgen", sagte Leon.
„Du rufst jetzt bei Sarah an und entschuldigst dich", wiederholte der Vater. Seine Stimme war etwas lauter geworden.
Leon traute sich nicht, aufzusehen. Mit einem Mal war alle Kraft aus ihm gewichen. Doch tief drinnen tobte ein Orkan. Er war wütend und ängstlich und fühlte sich machtlos und klein.
Er kam sich wieder wie ein Versager vor.
Denn als der Vater zum dritten Mal „Du rufst

jetzt bei Sarah an und entschuldigst dich“, sagte, stand er auf, ging in den Flur, nahm das Telefon und fragte Angelina nach der Nummer.

„Sarah Wagenbach?“, kam es aus der Leitung.

Und dann sprach Leon mit leiser Stimme.

Aber während er das tat, dachte er nur einen Gedanken: ‚Ich will nicht mehr‘.

# 6

Die Clique traf sich bei Benny. Auch Leon fuhr mit dem Fahrstuhl in die neunte Etage, lief durch den Flur und klingelte.
„Grüß dich, Leon“, sagte Frau Fengler, Bennys Mutter. „Lange nicht gesehen.“
Frau Fengler trat zur Seite und lächelte.
Leon versuchte auch, zu lächeln.
„Ich habe gehört, deine Oma ist krank?“, sagte Frau Fengler.
Leon nickte. Eben war er noch im Krankenhaus gewesen.
„Sieht nicht so gut aus. Nächste Woche wird sie operiert.“
Frau Fengler sah ihn mitfühlend an.
„Ich wünsche ihr alles Gute.“
Leon mochte Frau Fengler. Sie war immer nett zu ihm gewesen. Trotzdem war er froh, als sie sagte: „Die anderen sind schon in Bennys Zimmer. Sie warten auf dich.“
So viel Freundlichkeit konnte Leon im Moment kaum ertragen, ohne sich gleich wieder mies zu fühlen. Er ging schnell an ihr vorbei in Bennys Zimmer.

„Hey, da ist ja unser Schläger“, begrüßte ihn Fabian.
Leon steuerte das Sofa an und ließ sich darauf fallen. Neben ihm saß Jenny. Sie sprach gerade mit Betty und beachtete ihn kaum.
„Dann sind wir ja komplett“, sagte Benny.
Kathie und Benny saßen auf dem Boden.
Leon sah das aus dem Augenwinkel. Vor Kathie waren er und Benny die besten Freunde gewesen. Jetzt war alles anders.
„Hast du die Anlage dabei?“, wollte Benny wissen.
Leon nickte.
„Ist schon unten“, sagte er.
Jenny sah ihn kurz an, dann sprach sie wieder mit Betty. Leon kam das komisch vor.
„Ich muss den Wein holen“, sagte Fabian.
„Psst“, machte Benny.
Mit aufgerissenen Augen sah er zur Tür.
Fabian verstand den Wink.
Neben der Tür standen zwei Plastiktüten mit Cola und Chips.
„Sind die von euch?“, fragte Leon und sah zu Jenny und Betty.
„Mmh“, machte Betty. Jenny sah ihn erst gar nicht an. Bestimmt waren sie so komisch,

wegen Sarah. Leon fand es ja selbst blöd. Aber fragte eigentlich mal jemand ihn, warum das so gekommen war?

„Und ich hab' auch was Nettes", sagte Benny und zog aus seiner Jeans ein Tütchen heraus. „Feinstes Gras", flüsterte er.
Kathie zog auf einmal ihre Hand zurück und sah Benny an. „Das ist doch nicht dein Ernst", sagte sie.
Benny war überrascht. „Wieso?", fragte er.
Kathie stand auf.
„Wollt ihr etwa kiffen?", fragte sie.
Jenny und Betty hörten auf, zu sprechen.
Sie sahen Kathie an.
Benny legte seinen Zeigefinger an den Mund. „Geht's was leiser", zischte er und versuchte, Kathies Hand zu nehmen. Doch die zog sie weg und tippte sich an die Stirn.
„Du spinnst ja wohl", sagte sie.
Es dauerte keine zwei Sekunden, da war Kathie aus dem Zimmer und zum Flur raus.
„Ich muss das mal eben klären", sagte Benny und lief ihr nach.

Die Stimmung war auf dem Nullpunkt, als sie endlich im Keller waren. Benny hatte Kathie zwar überreden können, zu bleiben. Dafür musste er ihr aber auch versprechen, nicht zu kiffen.
„Hier, nimm das mal“, sagte Benny und drückte das Gras in Leons Hand. „Ich glaub’, das brauche ich heute nicht mehr.“
Die Clique saß auf den Decken. Jenny und Betty nippten an ihrer Cola, und Fabian öffnete gerade eine Flasche Wein.
„Wer will ein Glas?“, fragte er und versuchte, etwas gute Laune zu verbreiten.
Die Mädchen wollten keinen Alkohol trinken.
„Du auch nicht?“, fragte Fabian Benny.
Der zögerte einen Moment, dann sagte er:
„Nee ... Ich trink’ heute Cola.“
„Tolle Party“, sagte Fabian und füllte sein Glas bis zum Rand. Dann legte er eine CD auf.

Leon saß im Schneidersitz neben seiner Anlage. Gestern hatte er sich einen Song bei YouTube runtergeladen. Er kannte die Band nicht, aber der Text war krass. Er nahm

die CD aus der Anlage und legte seine ein.
Aus den Boxen krächzte eine Stimme:

*Wenn du mich gefunden hast,*
*wirst du wissen, wer ich war.*
*Wenn du meine blutigen Arme siehst,*
*kannst du fühlen, was ich fühlte.*
*Sieh an die Wand, und lies.*
*Mein Blut sagt dir,*
*was du wissen musst:*
*Es ist mein Weg, zu gehen.*
*Und du bleibst allein.*
*Für immer ohne mich.*

Die anderen hoben ihre Köpfe.
„Was'n das für ein Mist", rief Jenny. Ihre Stimme war kaum zu hören, weil Leon die Anlage so laut gedreht hatte.
„Irgend so 'ne Emo-Mucke", rief Fabian und tat so, als wäre er der Sänger.
„Hat der gerade gesungen, dass der sein eigenes Blut trinkt?", wollte Betty wissen.
„Wie abartig ist das denn?"
Benny saß wie erstarrt neben Kathie.
Die sah aus, als hätte sie jetzt endgültig genug von dem Abend.

Leon verstand, dass die anderen die Musik nicht mochten. Aber sie sollten einfach mal hören, wie er sich manchmal fühlte. Er machte die Musik noch lauter. Jetzt konnte er nicht mehr hören, was sie sagten. Er sah nur, wie sich die Münder seiner Freunde bewegten.
Dann sprang Fabian auf und machte die Musik einfach leiser.
„Finger weg“, rief Leon und schubste ihn beiseite. Leon machte die Musik noch lauter. Fabian tippte sich vor die Stirn. Er goss sich Wein nach und trank das Glas in einem Zug. Plötzlich stand Benny neben Leon. Er brüllte ihm etwas ins Ohr und versuchte, die Anlage wieder leiser zu stellen. Doch Leon setzte sich einfach davor und wehrte Bennys Hand immer wieder ab.
Fabian sprang auf und verschwand durch die kleine Tür nach draußen. Jenny und Betty hoben ihre Köpfe und sahen sich fragend um. Kathie wusste nicht genau, was sie tun sollte. Sie sah abwechselnd von der Tür zu Benny.
Und während der ganzen Zeit brüllte es aus den Boxen:

*Mein Blut sagt dir,*
*was du wissen musst:*
*Es ist mein Weg, zu gehen.*
*Und du bleibst allein.*
*Für immer ohne mich.*

Dann zog Kathie einfach den Stecker aus der Wand. Mit einem Mal war es still. Nur Fabians Schritte waren im Keller zu hören.
„Hey, Fabi, wart mal“, rief Betty und folgte ihm. Jenny sprang auch auf. Doch bevor sie nach draußen ging, drehte sie sich noch einmal um und sah Leon lange an.
„Du bist echt komisch geworden“, sagte sie.

„Na prima“, sagte Kathie.
Benny und Leon saßen wie erstarrt neben der Musikanlage.
„Und jetzt?“, fragte Benny.
„Ich geh’ nach Hause“, sagte Kathie.
Benny war hin und her gerissen. Kathie zog ihre Jacke an und verließ auch den Keller.
„Ey, wart doch mal“, rief er ihr nach.
Dann sah er Leon kurz an und ging auch.
Leon blieb allein zurück. Er war umgeben vom Refrain des Stückes.

*Mein Blut sagt dir,*
*was du wissen musst:*
*Es ist mein Weg, zu gehen.*
*Und du bleibst allein.*
*Für immer ohne mich.*

Leon verstand immer mehr, was mit dem Song gemeint war.

# 7

Den Sonntag verbrachte Leon im Bett. Heute machte er es wahr: Er zog die Decke über den Kopf und verkroch sich vor der Welt. Nach dem gestrigen Abend hatte er überhaupt keinen Bock auf irgendwas.
Am Nachmittag platzte seine Mutter ins Zimmer.
„Benny ist dran“, sagte sie und hielt ihm das Telefon entgegen.
„Bin krank“, murmelte Leon und drehte sich zur Wand.
Am Abend kam seine Mutter noch mal.
„Alles in Ordnung?“, fragte sie.
Ihre Worte klangen etwas besorgt.
Leon tat so, als würde er schlafen.
Später am Abend, als seine Eltern im Wohnzimmer vor dem Fernseher saßen, ging er in die Küche. Vor dem Kühlschrank wurde ihm schwindelig und übel. Unmöglich, ans Essen zu denken. Also legte er sich wieder ins Bett.
Am nächsten Morgen wurde er von Marlon geweckt.
„Hey, Brüderchen, wie wär’s mal mit aufstehen?“

Leon hatte keine Kraft zu einer Auseinandersetzung und sagte: „Ja, gleich ...“.
Er hoffte, dass sein Bruder wieder verschwinden würde.
Doch der blieb stehen.
„Also, was ist?“, fragte Marlon. „Sei froh, dass ich dich wecke und nicht der Alte.“
Leon stand auf und lief an seinem Bruder vorbei ins Bad.

Wenig später ging er zur Schule.
Zumindest tat er so.
Denn als er hinter dem Hochhaus um die Ecke bog, lief er über den Seitenweg zurück.
Durch den Eingang zur Tiefgarage betrat er den Keller des Hochhauses. Und von dort schlüpfte er in sein Versteck.
„Endlich“, stöhnte Leon und sank auf die Decken. Die Anlage stand noch immer da.
Und dahinter hatte er das Gras versteckt.
„Warum eigentlich nicht?“, sagte Leon und zog das Tütchen hervor.

„Du siehst ja fertig aus “, sagte Benny.
„Wo warst du heute?“
Leon hatte einige Mühe, sich aufzusetzen.
Er war völlig stoned.
„Na, hier. Siehste doch“, antwortete er seinem Freund.
Benny zog die Augenbrauen zusammen und fixierte Leon.
„Hast du etwa ...?“, fragte Benny.
Leon bekam einen Lachanfall. Er wusste selbst nicht, wieso, aber es platzte einfach aus ihm heraus. Bennys Blick war einfach zu doof.
„Hast du gekifft?“, fragte Benny.
Leon ließ sich nach hinten fallen und kugelte sich vor Lachen.
„Ich hab’ dich was gefragt“, sagte Benny.
Leon lachte einfach weiter.
In dem Moment kam Kathie in den Keller.
„Was ist denn hier los?“, fragte sie. Mit angewidertem Blick sah sie auf Leon.
„Hat der den Verstand verloren?“, wollte sie wissen und sah Benny irritiert an.
„So in etwa“, antwortete der.
Leon wurde wieder ruhig. Aus den Augenwinkeln beobachtete er seine Freunde.

„Das muss ich mir nicht geben“, sagte Kathie und verließ den Keller.
„Ich komme gleich“, rief Benny und hockte sich neben Leon.

„Ich weiß nicht, was mit dir los ist“, sagte Benny. „Seit Wochen spinnst du rum. Jetzt kiffst du schon morgens. Und auf der Party warst du auch total daneben.“
Leon wurde ganz ernst.
„Das sagt der Richtige“, murmelte er.
Fast hätte er wieder angefangen, zu lachen. Aber dann wurde ihm ganz komisch. Er hatte immer noch nichts gegessen und nur wenig getrunken. Sein Kreislauf war durcheinander.
Benny sah Leon an.
„Bist du eifersüchtig wegen Kathie?“, fragte Benny und stieß Leon in die Seite.
„Keine Ahnung“, sagte er. „Ich weiß es auch nicht. Irgendwie ist alles zum Kotzen.“
„Hast du Stress mit deinen Alten?“, fragte Benny.
Leon zuckte mit den Schultern. Er hatte doch immer Stress mit denen. Nein, es war etwas anderes. Aber was?

„Manchmal möchte ich einfach nicht mehr leben“, sagte Leon auf einmal.
Er wunderte sich über seine eigenen Worte.
Benny sah Leon an und schwieg. Man konnte ihm ansehen, dass ihm nicht ganz wohl in seiner Haut war. Er saß bewegungslos in dem dämmrigen Keller.
Irgendwann sagte Benny: „Was hältst du davon, mit nach draußen zu gehen. Wir wollen ins San Marco, Eis essen und so.“
Leon sah Benny schweigend an.
Obwohl sein Freund hier war und mit ihm Eis essen wollte, kam sich Leon sehr einsam vor.

Benny war wenig später gegangen.
Leon blieb bis zum Nachmittag im Keller.
Dann musste er endlich etwas essen und fuhr mit dem Fahrstuhl nach oben in die Wohnung. Zum Glück war niemand zu Hause.
Im Kühlschrank fand er einen Milchreis.
Dazu trank er Saft und aß noch eine Tafel Schokolade.
Auf dem Küchentisch lag ein Zettel, geschrieben von seiner Mutter.

*Hallo Leon,*
*Du musst heute Nachmittag zu Oma ins Krankenhaus. Sie braucht ein paar Nachthemden und etwas zum Lesen. Die Sachen liegen in der Plastiktüte neben dem Stuhl.*
*Grüß Oma von uns.*

„Du musst dir keine Sorgen machen", sagte die Oma und tätschelte Leons Hand. „Die operieren hier jeden Tag. Die kennen sich damit aus."
Leon saß neben seiner Oma auf dem Krankenbett.
„Aber es bleibt eine Operation", erwiderte er. „Und bei Operationen kann es Probleme geben."
Ihm war ganz schlecht geworden, als ihm seine Oma sagte, dass sie in der nächsten Woche am Herzen operiert werden sollte.
„Na, du bist mir einer", sagte die Oma mit ernstem Gesicht. „Willst du mir Angst machen?"
Jetzt merkte es Leon auch. Wie doof musste man eigentlich sein, jemandem so einen Mist zu erzählen.

„Tut mir leid, Oma, ich ...“
„Ist schon gut, mein Lieber, ich weiß ja, wie du es meinst. Ehrlich gesagt, mir ist auch nicht ganz wohl bei der Sache. Aber ich bin alt. Und mein Herz muss eben repariert werden.“
Jetzt versuchte die Oma, zu lächeln. Doch es gelang ihr nicht. Leon sah, wie krank seine Oma war. Ihr Gesicht war eingefallen und blass. Das war nicht mehr die Oma, die er immer gekannt hatte. Sie war jetzt eine alte Frau.
Leon raffte sich auf und zwang sich zu etwas besserer Laune.
„Leider darf ich dir keinen Sekt bringen“, sagte er und zwinkerte mit den Augen. „Die sind hier ziemlich streng.“
„Ach, Leon“, entgegnete die Oma, „das hole ich nach, wenn ich wieder zu Hause bin.“
‚Hoffentlich‘, dachte Leon.
Plötzlich spürte er, wie sehr er seine Oma liebte. Sie war der einzige Mensch in seinem Leben, der ihm immer ein gutes Gefühl gab. Bei ihr fühlte er sich wirklich zu Hause.

Am Abend trafen sich Leon und Benny im Keller.
Es war wie in alten Zeiten. Nur sie beide.
„Und dann sagt der Gundermann: ‚Tja, Benny, das war wohl nichts mit deinem Durchschnitt‘, und knallt mir die Arbeit auf den Tisch. Und ich denk' ‚Mist, jetzt kack' ich auch noch in Englisch ab.' Dann mach' ich das Heft auf und ... 2! Plötzlich höre ich jemanden lachen. Steht der Gundermann vor mir und grinst. ‚Glückwunsch‘ sagt der, ‚dein Durchschnitt ist besser geworden‘."
Benny schlug sich aufs Bein und strahlte.
Leon fühlte sich wohl in Bennys Gesellschaft. Benny schaffte es immer wieder, dass sich seine Laune aufheiterte.
Zumindest für einen kurzen Moment.
Denn wenig später dachte Leon an seine Oma. Sofort war es wieder vorbei mit der guten Laune.
„Ey, Alter, jetzt lach doch mal", flapste Benny.
‚Wenn der wüsste wie schlecht es mir geht‘, dachte Leon.
Er begriff allmählich, dass ihn eigentlich niemand so richtig verstand. Selbst Benny nicht.

# 8

Zwei Tage später gingen sie nach der Schule zusammen mit den anderen nach Hause. Jenny war mal wieder mit Betty in ein Gespräch vertieft, und Fabian klopfte zusammen mit Benny einen Spruch nach dem anderen. Kathie lief neben ihnen her und schwieg.

Leon kam es so vor, als würde er gar nicht dazu gehören. Die Clique war ihm total fremd geworden.

„Alles klar bei dir?“, fragte Kathie. Sie sah Leon von der Seite an.

„Geht so“, sagte Leon.

Er hatte keinen Bock, mit Kathie über seinen Zustand zu sprechen. Er kam sich ohnehin wie ein Verlierer vor und schämte sich, dass er immer so mies drauf war. Kathie stand auf Benny, und Benny hatte immer gute Laune. Überhaupt waren die anderen Jungs anders als er. Irgendwie härter. Nicht so ein Schwächling wie er.

„Warum bist du denn so fertig?“, fragte Kathie. Leon befürchtete, dass sie noch mehr fragen würde. Und gleichzeitig wünschte er es sich.

So wie Kathie mit ihm sprach, fühlte es sich gut an.
Aber wie konnte er den anderen nur klar machen, was er fühlte?

„Lass uns in den Park gehen“, sagte Benny.
Sie verteilten sich auf zwei Bänke. Fabian holte Zigaretten aus der Tasche und bot jedem eine an. Bis auf Kathie rauchten alle.
„Nur die harten kommen in den Garten“, sagte Fabian und bekam einen Hustenanfall.
„Oh Fabi, deine Sprüche ...“, sagte Jenny und wandte sich wieder an Betty. Die beiden waren neuerdings unzertrennlich. Anscheinend hatte sie das Erlebnis der misslungenen Party einander näher gebracht.
Benny versuchte, Kathie einen Kuss zu geben.
„Du stinkst nach Rauch“, sagte sie und stieß ihn weg.
Benny setzte seinen Dackelblick auf und versuchte es noch einmal.
„Hau ab“, rief Kathie.
„Bekomm ich denn einen?“, fragte Fabian und näherte sich Kathie mit gespitzten Lippen.

„Pass bloß auf“, polterte Benny und trat nach Fabian. Der sprang zur Seite und lachte.
Plötzlich ertönte ein gellender Schrei.
Schlagartig waren alle still.
Jenny zeigte mit dem Finger in Leons Richtung.
„Oh Gott ...“, stöhnte Betty und hielt sich die Hand vor den Mund.
„Was ist denn los?“, wollte Benny wissen.
Dann sah auch er, was passiert war.
„Oh nein, Leon ... “, stammelte Benny.
Niemand bewegte sich. Keiner sprach.
Alle waren wie versteinert.
Nur Leon nicht.
Der stand ganz ruhig da und sagte:
„Kann mir mal jemand Feuer geben. Ich glaub’ meine Zigarette ist aus.“
Leon grinste und hielt den anderen die Zigarette entgegen. Eine Stelle seines Handgelenks war verbrannt und rot geschwollen.
Leon hatte die Zigarette auf seiner Pulsschlagader ausgedrückt.

„Jetzt reicht’s“, schrie Kathie und brach das Schweigen als Erste. „Das ist mir zu krass.“

Sie drehte sich auf dem Absatz um und verließ den Park.
Benny war wieder hin und her gerissen.
Doch diesmal blieb er.
Jenny und Betty waren immer noch stumm.
Erst allmählich kam wieder Leben in die beiden Mädchen. Sie verzogen ihre Gesichter zu angeekelten Grimassen und drehten sich weg.
Fabian konnte noch immer nichts sagen.
Er und Benny standen wie begossene Pudel vor Leon.
„Jetzt macht doch nicht so ein Gesicht“, sagte Leon. „Ist doch nichts passiert.“
Man sah Fabian zunächst nichts an.
Doch dann platzte es aus ihm heraus:
„Nichts passiert, sagst du? Ich hab’ echt die Schnauze voll von dir“, schrie er. „Du hast ja wohl ’nen Schaden!“
Benny sah abwechselnd von Leon zu Fabian.
„Was soll das, Leon? Warum machst du so was? Das ist doch nicht mehr normal!“
„Was ist schon normal?“, antwortete Leon.
„Ihr habt doch überhaupt keine Ahnung.“
Leon sah seine Freunde nacheinander an.

Dann setzte er sich auf die Bank und schwieg.
Er fühlte sich wie ein Stein.
Er hatte es so satt.
„Am liebsten wär' ich tot", sagte er.
Es wurde ganz ruhig.
Nur ein paar Vögel zwitscherten.
Alle hatten es gehört. Doch keiner sagte etwas.

In den nächsten Tagen taten alle so, als wäre nichts passiert. Aber man sah ihren Gesichtern an, dass sich ihre Freundschaft seit dem Vorfall im Park verändert hatte.
Es herrschte eine gedrückte Stimmung.
Jenny und Betty beobachteten Leon die ganze Zeit und sprachen kein Wort mit ihm.
Fabian und Benny versuchten, für gute Laune zu sorgen. Doch es gelang ihnen nicht.
Besonders Benny war geknickt, weil er Kathie seit dem Erlebnis im Park nicht mehr gesehen hatte. Das konnten seine Sprüche auch nicht verbergen.

Am Ende der Woche gingen Benny und Leon nach der Schule zusammen nach Hause.
„Wie läuft's bei euch zu Hause?“, versuchte Benny, ein Gespräch anzufangen. Er war unsicher. Leon war ihm jetzt richtig fremd geworden.
„Wie's halt so läuft“, sagte Leon.
Zwischen ihnen herrschte wieder dieses bedrückte Schweigen.
„Mit Kathie ist es auch beschissen“, sagte Benny. „Ich hoffe, dass sie bald mal anruft. Wir wollten eigentlich am Samstag ins Kino.“
Leon dachte an Kathie. Eigentlich konnte er sie gut leiden. Sie schien die Einzige, die genau wusste, was sie wollte.
„Diesmal ist die echt sauer“, fuhr Benny fort. „Kann man ja auch verstehen.“
Leon trottete neben Benny her.
„Ist meine Schuld, oder?“, sagte Leon. „Weil ich so'n Kotzbrocken bin.“
„Quatsch nicht“, sagte Benny. Aber Leon wusste, dass es Benny schon so meinte, sich aber nicht traute, es auszusprechen.
„Sag's doch“, entgegnete Leon. „Sag doch einfach, wie beknackt du mich findest. Ist doch eh' egal.“

Darauf konnte Benny nichts sagen. Für einen Spruch war er immer zu haben. Aber wenn er Klartext reden sollte, fiel ihm nichts mehr ein.
„Ich könnte es verstehen“, sagte Leon mit schwacher Stimme. „Ich kann mich ja selbst nicht leiden.“
„Ach komm“, sagte Benny und schwieg dann wieder.

„Am Montag wird meine Oma operiert“, sagte Leon.
Benny konnte zunächst nichts sagen. Es war ganz deutlich zu sehen, wie er nach Worten rang. Dann sagte er: „Die Ärzte wissen schon, was sie tun.“
Er klopfte Leon auf die Schulter.
„Und wenn nicht?“, stammelte der.
Den Rest des Weges gingen sie schweigend.
„Kommst du mit zu mir?“, fragte Benny.
„Ich hab’ ein neues Spiel.“
Leon wusste nicht genau, was er wollte.
Schließlich ging er mit.
„Hallo, ihr beiden“, sagte Frau Fengler.
„Kommt rein. Ich habe gerade einen Apfelkuchen fertig.“

Benny zog an seiner Mutter vorbei in die Küche. Er kam mit zwei randvollen Tellern Apfelkuchen zurück.
„Komm, Leon“, rief er durch den Flur.
„Oder willst du Wurzeln schlagen?“
Leon stand noch immer in der Tür.
„Was ist los, Leon?“, sagte Frau Fengler.
„Bist du eingeschlafen?“
Leon hörte ihre Stimme. Aber er konnte kaum reagieren.
Mit müden Schritten lief er durch den Flur.
Frau Fengler sah ihm kopfschüttelnd nach und schloss die Tür.

„Das ist es“, sagte Benny und warf Leon die Hülle zu.
‚Alien-Alarm II‘, stand auf dem Cover.
Benny fing sofort an, zu spielen. Leon setzte sich auf das Sofa und starrte auf den Bildschirm.
Doch Leon sah nicht, was geschah.
Leon dachte über anderes nach.
Seit er die glühende Zigarette auf seinem Arm ausgedrückt hatte, stellte sich Leon immer wieder seinen Tod vor. So schlimm

konnte es gar nicht sein. Der Schmerz der brennenden Zigarette war schnell vergangen. Und danach hatte er sich sogar besser gefühlt. So war es bestimmt auch mit dem Tod. Erst tat es weh, und dann war alles besser.
Leon dachte über die verschiedenen Möglichkeiten nach, wie er sterben könnte. Das beruhigte ihn irgendwie.
„Hier, spiel du auch mal“, sagte Benny.
Bennys Gesicht war ein einziges Lachen. Doch als er Leon ansah, fiel ihm die Kinnlade runter.
„Was ist los?“, fragte Benny.
Leon zuckte mit den Schultern.
„Nichts.“
„Willst du nicht spielen?“, fragte Benny.
Leon schüttelte den Kopf.
„Keinen Bock.“

Am Abend klopfte Frau Fengler an Bennys Tür.
„Das Essen ist fertig“, sagte sie.
Benny rief: „Kommen gleich“ und beendete den Level mit ein paar gezielten Schüssen.

„Isst du mit?“, fragte er Leon.
Leon saß unverändert auf dem Sofa.
Benny ging zur Tür.
„Was ist jetzt?“, fragte er.
Leon raffte sich auf und ging in den Flur. Als er das Licht im Wohnzimmer sah, überlegte er für einen kurzen Moment, hier zu bleiben. Es sah so gemütlich aus.
Aber da hatte ihn schon Herr Fengler entdeckt.
„Hey, Leon, alles klar bei dir?“, rief er und ging auf ihn zu.
Herr Fengler war immer laut und fröhlich. Er arbeitete auf dem Bau, und da lernte man anscheinend, so zu brüllen.
Leon zuckte zusammen und versuchte ein Lächeln. Mit schwacher Hand winkte er kurz und verschwand im Flur. Die Dunkelheit hüllte ihn ein. Hinter sich hörte er Herrn Fengler sagen: „Hab' ich was Falsches gesagt?“
„Nein“, antwortete Benny, „der ist im Moment immer so drauf.“
Leon zog die Tür hinter sich zu. Er stieg in den Fahrstuhl und fuhr direkt in den Keller. Zu Hause wartete sowieso niemand auf ihn.

# 9

Leon saß in der Klasse. Erdkunde bei Herrn Körner. Er dachte die ganze Zeit an seine Oma. Ihm war richtig schlecht. Jetzt würde sie gerade operiert werden.
In der dritten hatten sie den Gerber. Der wollte von Leon die Entschuldigungen für die letzten Tage haben.
„Bringe ich morgen mit“, sagte Leon.
„Wer's glaubt, wird selig“, spottete Herr Gerber und notierte etwas in sein Notizbuch.
Leon wäre am liebsten weggerannt. Ihm war alles zu viel. Wenn er doch nur endlich wüsste, wie es seiner Oma ging.
Heute hatte er früh Schulschluss. Leon nutzte die Chance und lief zum Krankenhaus.
Je näher er kam, umso aufgeregter war er.
Als er am Empfang nach seiner Oma fragte, pulsierte sein Herz vor Aufregung wie ein Hammer.
„Ich muss mal nachsehen“, sagte eine ältere Frau mit Brille.
Sie fuhr mit dem Finger über eine Liste.
„Da, Frau Strack … tut mir leid, die ist noch in der OP“, sagte die Frau. „Du kannst dich

aber dort hinsetzen. Das dauert bestimmt nicht mehr lange."
Leon setzte sich. Es war kurz vor eins.
Um zwei Uhr war seine Oma noch immer nicht aus der OP zurück. Leon wurde immer aufgeregter.
Als es drei Uhr war, glaubte er, es kaum noch auszuhalten. Die Zeiger der Uhr bewegten sich fast nicht. Und dann waren doch wieder fünf Minuten vergangen. Leon war in einem seltsamen Zustand aus Angst und der Unfähigkeit, sich zu bewegen.
„Willst du nicht mal was trinken?", fragte die Frau hinter der Pforte.
Leon erschrak. Er schüttelte den Kopf und sah einfach in eine andere Richtung.
Um kurz nach vier sah Leon, wie die Frau auf ihn zukam. Sie sah ihn ernst an.
„Weißt du die Handynummer von deinen Eltern?", fragte sie.
„Warum ... ist was passiert?", sagte Leon.
Die Frau sah ihn lange an.
„Es ist bestimmt nicht schlimm", sagte sie.
„Aber bei der Operation ist nicht alles glattgelaufen. Deine Eltern sollen ins Krankenhaus kommen."

Leons Herz begann, zu rasen. Jetzt hatte er richtig Angst. Sein Atem ging so schnell, dass ihm schwindelig wurde.

Eine halbe Stunde später kamen seine Eltern ins Krankenhaus.
„Wo ist die Intensivstation?“, fragte der Vater und lief an ihm vorbei zu den Aufzügen.
Seine Mutter hatte große, ängstliche Augen.
„Komm“, sagte sie zu Leon und fasste ihn am Arm.
Als sie die Intensivstation erreichten, kam ihnen eine Krankenschwester entgegen.
„Sie müssen hier durch“, sagte sie und zeigte in einen Gang. „Dort waschen Sie bitte Ihre Hände und ziehen die Kittel an. Wenn Sie klingeln, lassen wir Sie rein.“
„Ist ja wie im Gefängnis“, sagte der Vater, als sie in dem Zwischenraum standen.
„Das ist wichtig“, sagte die Mutter.
Hinter der Tür wurden sie von einem Arzt in Empfang genommen.
„Guten Tag“, sagte er und gab jedem die Hand. „Ich will nicht groß herumreden.“

Trotzdem machte er eine Pause, während der er jedem kurz in die Augen sah.
„Es sieht nicht gut aus. Wir haben drei Bypässe gelegt. Doch es kam während der Operation zu Schwierigkeiten. Das Herz Ihrer Mutter ist nicht mehr das jüngste."
Leon wurde ganz schlecht. Er konnte kaum noch klar denken.
„Was ist denn jetzt?", rief er.
Plötzlich musste Leon weinen. Er konnte einfach nicht anders. Die Tränen schossen ihm in die Augen, und er hatte eine wahnsinnige Angst.
„Deine Großmutter liegt im Koma", sagte der Arzt. „Das ist wie ein tiefer Schlaf, aus dem man nicht aufwachen kann."
„Aber ...", stammelte Leon, „irgendwann muss sie doch ... ich meine, sie kann doch nicht ..."
Doch während er sprach, wurde ihm klar, dass seine Oma sterben könnte.
Und gleichzeitig war es nicht möglich. Seine Oma konnte nicht sterben!
„Jetzt hör mal auf, zu heulen", sagte sein Vater. Und an den Arzt gewandt sprach er weiter: „Wie schätzen Sie denn die Lage ein?"

Der Arzt sah den Vater an und hob die Augenbrauen.
„Das ist schwer zu sagen. Wir hoffen, dass sich ihr Zustand stabilisiert. Aber die Chancen stehen nicht gut."
Leon konnte kaum glauben, was er da hörte. Noch vor wenigen Tagen hatte er bei seiner Oma gesessen und mit ihr gesprochen. Und jetzt standen ihre Chancen, aus dem Koma zu erwachen, nicht gut.
„Wird sie sterben?", fragte die Mutter.
„Das weiß niemand", sagte der Arzt.
Dabei sah er sehr ernst aus.

# 10

Was war das denn eben?“, fragte der Vater, als sie wieder zu Hause waren. „Musstest du denn vor dem Arzt auch noch weinen?“

Leon zwang sich, nicht noch einmal vor seinem Vater zu weinen. Aber ihm war einfach zum Heulen zu Mute. Schnell verzog er sich in sein Zimmer und warf sich aufs Bett. Im Flur hörte er seine Eltern sprechen.

„Ich rufe schon mal beim Beerdigungsinstitut an“, sagte der Vater.

„Ist das nicht ein bisschen zu früh?“, wollte die Mutter wissen.

„Und wenn schon“, antwortete der Vater. „Ewig wird sie nicht mehr leben. Dann weiß ich wenigstens, was zu tun ist.“

Leon hatte jedes Wort gehört. Wie konnte sein Vater schon jetzt vom Tod der Oma sprechen? Sie lebte doch noch. Leon wäre am liebsten ausgerastet. Aber es war ihm unmöglich, auch nur eine Bewegung zu machen. Er war wie erstarrt.

„Ich halte das nicht mehr aus“, flüsterte er leise. Er stellte sich vor, wie er einschlafen und nie mehr aufwachen würde. So wäre der Tod. Einschlafen. Immer tiefer einschlafen. Und nie mehr in dieses Leben zurückmüssen.

In der Nacht klingelte das Telefon.
Leon hörte es zunächst nicht. Dann drang die Stimme seines Vaters in sein Ohr.
„Strack? ... Ja, ich bin der Sohn."
Nach einer kurzen Pause sagte der Vater:
„Gut, ich komme sofort."
Dann war es wieder still.
Leon blieb einfach liegen. Er traute sich nicht, aufzustehen. Dann würde bestimmt alles gut werden.
Im Flur waren leise Stimmen zu hören.
Seine Eltern sprachen miteinander.
Dann hörte er, wie sich die Tür schloss.
Kurz darauf vernahm er ein Schluchzen.
Leon sprang aus dem Bett und lief in den Flur.
Seine Mutter saß neben dem Tisch mit dem Telefon. Als Leon näher kam, sagte sie:
„Oma ist tot."
Leon blieb vor ihr stehen. Sie wischte sich die Tränen aus dem Gesicht. Für einen

kurzen Moment schien es ihm, dass sie ihn in den Arm nehmen wollte. Doch dann stand sie auf und sagte nur: „Geh schlafen.“

„Das ist echt schlimm“, sagte Benny.
Die Nachricht vom Tod der Oma hatte sich im Haus herumgesprochen. Benny war nach der Schule sofort zu Leon gegangen. Doch der war nicht in seinem Zimmer. Also fuhr er in den Keller.
„Woran ist sie denn gestorben?“, wollte Benny wissen.
Leon hatte in der Nacht nicht geschlafen, weil er ständig an seine Oma denken musste. Nach drei Stunden war er einfach in den Keller gefahren. Er wollte allein sein.
Jetzt konnte Leon nicht mehr weinen. Er fühlte sich nur noch leer und grenzenlos traurig.
„An Herzversagen“, sagte Leon.
„War die denn schon so alt?“, fragte Benny.
Er zuckte nur mit den Schultern. Darauf fiel Leon keine Antwort ein.
„Wie war es in der Schule?“ Leon wechselte plötzlich das Thema.

Benny sah ihn fragend an. Wie konnte Leon denn jetzt von der Schule sprechen?
„Och, nichts Besonderes. Wie immer."
Zusammen saßen sie in dem dämmerigen Raum. Sie schwiegen. Benny konnte es kaum ertragen. Normalerweise redete er wie ein Wasserfall.
Als er sah, dass Leon die Augen geschlossen hatte, dachte Benny, er schläft. Er war erleichtert und stand leise auf.
Er war fast zur Tür hinaus, da sagte Leon: „Ich weiß einfach nicht, wie es weitergehen soll. Ich halte das nicht mehr aus."
Benny fühlte sich richtig schlecht. Er war so machtlos. Alles, was er sagte, schien verkehrt. Und trösten konnte er Leon einfach nicht.
Er blieb noch fünf Minuten, dann ging er wieder. Mit jedem Meter fühlte er sich leichter. Aber auch schlechter. Fast wie ein Verräter.

„Der ist richtig fertig, weil seine Oma gestorben ist", sagte Benny.
Er saß mit Fabian, Jenny und Betty auf dem Spielplatz vor der Hochhaussiedlung.

„Auch das noch“, sagte Fabian. „Der ist doch eh so abgedreht in letzter Zeit.“
„Und was machen wir jetzt?“, fragte Jenny.
„Am besten erst mal in Ruhe lassen“, sagte Fabian. „Ich wette, der flippt wieder aus, wenn wir ihn ansprechen.“
„Ich finde, wir sollten mit ihm reden“, sagte Betty. „Der kann doch nicht die ganze Zeit allein sein.“
Betty sah die anderen an. Doch sie schwiegen. Nach einer Weile sagte Fabian: „Ich halt’ mich da raus, sorry. Aber Leon ist mir in den letzten Tagen echt zu krass gewesen.“
„Irgendwie hast du Recht“, sagte Jenny. „Der ist auch total unberechenbar geworden. Ich hab’ jedenfalls keinen Bock, mir die Nase einschlagen zu lassen.“
„Genau das meine ich“, sagte Fabian.
„Hallo? Das ist ja wohl ein bisschen anders gelaufen“, rief Benny.
„Bist du sicher?“, fragte Fabian.
„Na klar“, sagte Betty und tippte sich vor die Stirn. „Du hast doch auch gesehen, dass er von Sarah provoziert wurde.“
„Ich hab’ nur gesehen, dass Sarah geblutet hat“, sagte Jenny und sah Fabian an.

Auch Betty und Benny warfen sich einen Blick zu.
Jetzt gab es zwei Meinungen in der Clique.

„In fünf Tagen ist die Beisetzung“, sagte der Vater beim Abendessen.
Leon war auch dabei. Die Mutter hatte nun wieder für ihn mitgedeckt.
Angelina und Marlon sagten kein Wort. Sie hatten keine besondere Beziehung zu der Oma gehabt, aber trotzdem sah man ihnen an, dass es ihnen naheging.
„Wir sitzen bei der Trauerfeier in der Kirche vorne beim Sarg“, fuhr der Vater fort. „Dann kommen die anderen Verwandten. Danach gehen wir zu der Beisetzung und danach ins Café neben dem Friedhof. Das Ganze geht ...“
Leon sprang auf. Er wollte schreien. Doch sein Mund stand weit offen, und er brachte keinen Ton heraus. Dann drehte er sich um und lief in sein Zimmer.
Wie konnte ein Mensch nur so kalt über die Beerdigung seiner eigenen Mutter sprechen?

Leon blieb einen Tag lang zu Hause. Dann ging er wieder in die Schule. Weil sich keiner traute, Leon auf den Tod seiner Oma anzusprechen, redete auch sonst niemand mit ihm. Selbst Fabian und Jenny sahen ihn nur vorsichtig an und schwiegen.
In der Pause kamen Benny und Betty auf ihn zu.
„Alles klar?“, fragte Benny.
Leon sagte nur „Ja.“
Aber jeder konnte ihm ansehen, dass gar nichts klar war. Leon war blass und wirkte dünner als sonst.
„Wenn du mal reden willst ...“, begann Betty und machte eine kurze Pause. „Also, ich meine, du kannst mich immer anrufen.“
Leon hörte ihre Worte. Was erzählte sie da? Jetzt standen sie doch zusammen. Jetzt redeten sie doch. Warum sollte er sie denn dann anrufen?
Benny wechselte das Thema und sprach von etwas anderem. Leon bekam nicht mit, worüber. Er dachte jetzt immer öfter an den Tod. Und wenn er das tat, ging es ihm besser. Denn Leon hatte nichts und niemanden, der ihn trösten konnte. Und er hatte eine

wahnsinnige Angst, dass seine Traurigkeit über den Tod seiner Oma niemals aufhören würde.

Am Nachmittag fand Leon die Homepage von einem Mädchen, das ihr Tagebuch ins Netz gestellt hatte. Sie nannte sich *Die Lebensmüde.*

Leon las die einzelnen Einträge. Er konnte gar nicht mehr damit aufhören. Das, was das Mädchen beschrieb, fühlte er genauso. Denn auch sie wollte nicht mehr leben.

*Gestern habe ich mich wieder bluten lassen. Irgendwann werde ich es schaffen. Warum hört mein Blut nur immer auf, zu fließen? Ich kann nicht mehr. Ich will nicht mehr. Und trotzdem schaffe ich es nicht, zu sterben. Will mich nicht einmal der Tod?*

Leon sah auf ihrer Homepage viele Fotos. Es waren fast alles Menschen, die ihre Arme aufgeritzt hatten. Leon sah blutige Rasierklingen, weiße Badezimmerwände, die mit Blut beschmiert waren. Schwarz geränderte Augen und wie tot daliegende Menschen. Und immer wieder aufgeschnittene Arme.

Leon wurde übel von diesen Bildern. Aber die Texte, sagten das aus, was auch er fühlte. Leon erinnerte sich an den Tag, als er sich die brennende Zigarette auf seinem Arm ausgedrückt hatte. Das hatte nur anfangs wehgetan. Danach war es ihm besser gegangen. „Erst der Schmerz, und dann ist alles vorbei“, flüsterte Leon. „So wird es sein.“
Plötzlich wusste Leon, dass er sich töten wollte.
Er wusste nur noch nicht wie.
Aber er würde es tun.

„Asche zu Asche, und Staub zu Staub“, sagte der Pfarrer.
Leon stand mit seiner Familie daneben. Hinter ihm schnäuzten sich immer wieder Menschen. Auch die Mutter weinte. Der Vater stand mit unbewegtem Gesicht neben ihr. „Wir nehmen Abschied von Gertrude Strack, geborene Winter ...“, fing der Pfarrer an, zu sprechen.
Leon starrte auf das rechteckige Loch in der Erde. Darin lag seine Oma. Er konnte sich nicht vorstellen, dass sie darin liegen sollte.

Nach der Grabrede des Pfarrers ging der Vater zwei Schritte nach vorne, stieß mit einer kleinen Schaufel in einen Erdhaufen und schüttete etwas Erde in die Grube. Er reichte die Schaufel an die Mutter weiter, die das Gleiche tat. Von Angelina bekam schließlich Leon die Schaufel.

Als Leon die Erde in das offene Grab fallen ließ, dachte er:

‚Bald bin ich bei dir, Oma.'

Er musste fast lächeln.

Er hatte sich entschieden, zu sterben.

Das fühlte sich gut an.

# 11

Am Montag nach der Beerdigung trafen sich Leon und Benny im Keller.
„Kathie hat einfach Schluss gemacht“, sagte Benny und zuckte mit den Schultern. „Ich wäre nicht der Richtige, hat sie gesagt. Und ich soll nicht böse sein.“
Benny ließ ein verächtliches Zischen hören und legte den Kopf in den Nacken.
Leon saß mit dem Rücken zur Wand und sah Benny nachdenklich an. Seit er sich entschlossen hatte, zu sterben, ging es ihm komischerweise besser. Es tat ihm gut, zu wissen, dass sein Schmerz bald vorbei sein würde.
„Die hat mir einfach eine Mail geschrieben“, sagte Benny. „Mehr nicht. Einfach nur eine Mail.“
Plötzlich musste Benny weinen. Leon war überrascht. Benny war der Letzte, den er sich weinend vorgestellt hätte. Und er hatte nicht gedacht, dass Benny so an Kathie hängen würde.
„Die fehlt mir so“, sagte Benny und hielt sich die Hände vors Gesicht. „Manchmal hab’ ich

richtig Angst, dass das Gefühl gar nicht mehr aufhört."
Das kannte Leon nur zu gut. Er war auf einmal Benny wieder nahe. Wie in alten Zeiten.
„Mir geht's genauso", sagte Leon.
Benny sah Leon mit nassen Augen an.
„Und was kann man da tun?", fragte Benny.
Leon holte tief Luft. Ihm fiel es schwer, zu sagen, was er dachte. Aber dann tat er es doch. Benny war schließlich sein Freund.
„Sich das Leben nehmen", sagte Leon.

Benny sah Leon eine Weile an. Er wusste nicht so genau, was er davon halten sollte. Doch dann sagte er: „Vielleicht hast du Recht. Das wäre wohl am einfachsten. Einfach eine Kugel in den Kopf und fertig."
Die beiden Freunde saßen schweigend nebeneinander. Dann sagte Benny:
„Komm, lass uns was saufen."
Sie hatten noch zwei Flaschen Wein von der misslungenen Party übrig. Benny öffnete beide Flaschen.
„Worauf stoßen wir denn an?", fragte Benny.
Leon überlegte kurz. Dann sagte er:

„Darauf, dass das Leben bald vorbei ist.“
Benny schien ein wenig verwundert. Dann sagte er:
„Na klar! Darauf, dass das Leben bald vorbei ist.“
Sie tranken mehrere große Schlucke.
„Wie würdest du es denn machen?“, fragte Leon.
„Keine Ahnung ...“, sagte Benny, der noch nie über Selbstmord nachgedacht hatte.
„Von der Brücke springen. Oder vor den Zug werfen. Was weiß ich?“
„Tabletten“, sagte Leon. „Dann schläft man ein und wacht nie wieder auf. Ich habe noch zwei Packungen von meiner Oma.“
„Alles klar“, sagte Benny. „Dann eben Tabletten. Ist mir eh egal.“

Benny hielt die Flasche wieder an den Mund und trank einen weiteren Schluck. Seine schlechte Laune schien, sich langsam zu verlieren. Er musste auf einmal lachen.
„Die war eh’ nix für mich“, sagte Benny.
„Die war so ... verkrampft. Findste nicht auch?“

Benny war langsam wieder der Alte. Der Wein schien, ihn aufzuheitern.
„Wann sollen wir es denn machen?“, fragte Leon. Er sah Benny an.
„Äh, was denn?“, fragte Benny.
Leon schwieg und wartete, dass Benny von selbst darauf kam.
„Ach so“, sagte Benny und trank noch einen Schluck. „Keine Ahnung. Was meinst du denn?“
„In einer Woche“, sagte Leon.
„In einer Woche?“, fragte Benny.
„Sonntagnacht“, sagte Leon. „Hier im Keller.“
Benny schien überrascht.
„Ist das nicht ein bisschen ...“, stammelte er. „Ich meine, sollten wir nicht noch was warten, oder so?“
„Worauf sollen wir warten?“ fragte Leon mit kaltem Blick. „Dass es noch schlimmer wird?“
Leon lehnte sich zurück. Für einen Moment hatte er befürchtet, sein Freund würde kneifen. Aber, nein, er hatte sich getäuscht. Benny würde ihn nicht hängen lassen. Bestimmt nicht. Er war schließlich sein Freund.
Am Sonntag würde er sich zusammen mit Benny das Leben nehmen.

# 12

Willst du den echt nicht mehr haben?", fragte Betty. Ungläubig lächelnd sah sie auf den MP3-Player in Leons Hand.
„Da ist eh nur Schrott drauf", antwortete Leon und lächelte.
Seit er sich entschlossen hatte, zu sterben, ging es ihm wirklich besser. Und endlich fühlte er sich auch Benny wieder näher – schließlich ging es dem ja auch nicht besser als ihm. Und er hatte sogar gesagt, dass er gemeinsam mit ihm Selbstmord begehen wollte.
„Aber du kannst doch andere Musik draufmachen", sagte Betty, der das Ganze komisch vorkam. „Der kostet mindestens 130 €."
„Nun nimm schon", sagte Leon. „Oder ich überlege es mir anders."
Betty nahm den MP3-Player in ihre Hand. Aber sie fand es komisch.
„Was geht hier ab?", fragte Benny, der mit Fabian gekommen war.
Betty sah von Leon zu Benny.
„Leon hat mir seinen MP3-Player geschenkt", sagte sie.
Fabian bekam große Augen.

„Und ich?“, sagte er. „Was bekomm’ ich?“
„Du kannst die Anlage haben“, meinte Leon. Benny und Betty sahen sich an. Doch Fabian sagte sofort: „Alles klar. Wann kann ich die denn holen?“
„Diese Woche“, sagte Leon. „Am besten schon heute.“
„Ehrlich?“, fragte Fabian. „Hast du das ernst gemeint?“
„Ja, sicher“, sagte Leon. „Aber, wie gesagt, du musst sie heute holen.“
Fabian nickte langsam. Dann sagte er: „Was dagegen, wenn Jenny mitkommt?“
„Warum nicht?“, sagte er. „Frag Jenny doch mal, ob sie ein paar CDs haben will.“
„Sag mal ...“, fing Benny an.
Doch er wurde von Fabian unterbrochen. „Sag’ ich ihr. Bis heute Nachmittag.“
Fabian ging über den Schulhof nach Hause.
„Leon, was soll das?“, fragte Betty. Sie hatte den MP3-Player in der Hand und schien, noch immer zu überlegen.
„Nichts“, murmelte Leon. „Ich will den Kram nur loswerden.“
Dann steckte Betty den MP3-Player in die Tasche.

Benny blieb noch eine Weile.
Dann sagte er: „Ich muss los, mein Vater wartet auf mich."
Leon wollte eigentlich mit ihm sprechen. Er fand, dass sie noch einiges für den Sonntag regeln mussten. Heute war schon Mittwoch.
„Wann hast du denn Zeit?", fragte Leon.
Benny hatte sich schon umgedreht.
„Ich ruf' dich an", rief er im Gehen und winkte Leon zu.
„Also, ich behalt' den jetzt", flüsterte Betty, die noch immer unsicher war.
Leon nickte.
„Ja, klar ...", sagte er.
Doch in Gedanken war er bei Benny.
Irgendwie schien der wieder so wie sonst.
Das war seltsam. Wieso sagte er kein Wort mehr über Sonntag?

Leon war etwas aufgeregt wegen des kommenden Sonntags. Wie würde es wohl sein, wenn er die ganzen Tabletten geschluckt hatte? Immer wieder stellte er sich den Moment vor, wenn er die Pillen mit Wasser hinunterspülen würde.

Leon schloss die Augen und tat so, als würde er die Wirkung der Schlaftabletten schon spüren.
Das beunruhigte ihn.
Aber dann sagte er sich, dass er ja nicht allein wäre.

Am Donnerstag war Benny nicht in der Schule.
Leon fragte Herrn Gerber, wo Benny wäre.
„Das musst du doch wissen“, sagte der.
„Ihr seid doch Freunde.“
Mittags rief Leon bei Benny an.
*Hier ist der automatische Anrufbeantworter der Familie Fengler. Wir sind zurzeit …*
Leon legte auf und wählte Bennys Handynummer. Aber auch da sprang nur die Mailbox an.
Am Abend versuchte er es noch einmal.
Wieder erreichte er niemanden. Deshalb schrieb er Benny eine SMS: ‚Was ist mit dir los? Bist du krank?‘

Leon suchte die Homepage von dem Mädchen, das ihr Tagebuch online gestellt

hatte. Dabei fand er ein Forum, in dem Menschen über Selbstmord sprachen.
Leon las einige Einträge.
*Hey, Red Angel, ich kann dir nur Recht geben. Wer das nicht kennt, kann auf keinen Fall mitreden. Lass dir nix von denen erzählen. Die wollen dich doch nur überreden, ihren Scheiß zu glauben. Aber wir wissen es besser. Wir haben das Leben, weil wir bereit sind, es zu opfern. Was wissen die schon?*
Leon war überrascht, wie viele Menschen ihr Leben nicht mehr ertrugen.
*Gestern war's wieder total krass. Ich sehe aus wie tot. Wenn's doch nur so wäre. Aber ich bekomm's nicht hin. Immer wieder diese Gedanken. Doch wenn's ernst wird, geht's nicht. Dabei will ich nichts anderes als gehen. Für immer gehen. Endlich gehen ...*
Leon fühlte sich ihnen überlegen. Denn er hatte sich entschieden, zu sterben.
Leon dachte für einen kurzen Moment nach.
Hatte er sich wirklich entschieden?
„Sonntag ist Schluss!", sagte er laut.
Er machte den Computer aus.

Am Freitag war Benny auch nicht in der Schule. Jetzt war Leon doch ziemlich aufgeregt. Benny hatte ihm nicht geantwortet. ‚Mal wieder typisch', dachte Leon, der von der Unzuverlässigkeit Bennys manchmal genervt war.
Er fühlte sich wieder schwach, hilflos und allein. Es hatte ihm geholfen, dass Benny am Sonntag dabei sein würde. Sie waren doch Freunde. Und jetzt konnte er mit ihm noch nicht mal besprechen, wie sie ihren Selbstmord begehen würden.
Nachmittags rief Leon wieder bei Benny an. Sofort ging jemand ran.
„Fengler?"
Es war Bennys Mutter.
„Kann ich mal Benny sprechen?", sagte Leon.
„Bist du das, Leon?", fragte Frau Fengler.
„Ja", sagte Leon und trommelte nervös mit den Fingern auf den Tisch.
„Ich hab' dich gar nicht erkannt", sagte sie. „Du klingst so ... verändert."
Leon hatte keine Lust, mit ihr zu sprechen.
„Ist Benny jetzt da?", fragte er etwas ungeduldig.

„Nein, tut mir leid“, sagte Frau Fengler. „Der ist mit seinem Vater übers Wochenende nach München gefahren.“
„Was?“, rief Leon. „Wann kommt er denn zurück?“
Leons Herz raste mit einem Mal in seiner Brust.
„Am Sonntagabend“, sagte Frau Fengler. „Vielleicht könnt ihr euch ja dann noch sehen. Es wird aber bestimmt etwas später. Bis heute morgen war er ja noch krank. Aber dann ging es schon besser. Ich wäre, ehrlich gesagt, zu Hause geblieben. Aber Benny wollte unbedingt fahren. Na ja, ich kann es schon verstehen, jetzt, wo er wegen Kathie ...“
Leon legte einfach auf.
Das durfte nicht sein!
Benny war einfach übers Wochenende weg und kam erst am Sonntagabend zurück. Was sollte denn jetzt aus ihrem Plan werden? Sie hatten sich doch entschieden, gemeinsam zu sterben. Oder hatte Benny es doch nicht ernst gemeint? War es vielleicht nur wieder einer seinen flotten Sprüche? Langsam bekam Leon Zweifel, ob Benny es wirklich ernst gemeint hatte.

Und dann war er enttäuscht. So enttäuscht wie noch nie in seinem Leben.
„Dann eben ohne dich!“, sagte er trotzig.
Dennoch tat es ihm unglaublich weh.
Leon nahm die zwei Packungen Schlaftabletten aus der Schreibtischschublade und steckte sie in seine Hosentasche.
Dann ging er ins Wohnzimmer zu seiner Familie.

Niemand grüßte ihn, als er den Raum betrat.
Alle waren da. Er setzte sich aufs Sofa.
„Wir hätten gewinnen müssen“, sagte Marlon.
„Knapp daneben ist auch vorbei“, sagte Angelina und grinste.
„Nee, ehrlich“, sagte Marlon. „Wir waren das klar bessere Team.“
„Und, woran hat's gelegen?“, fragte der Vater.
„Am Quarterback“, sagte Angelina. Sie stichelte zwar, aber es war völlig klar, dass sie es nicht so meinte.
„Wir hatten Pech“, sagte Marlon. „Ganz einfach nur Pech.“
„Nächste Woche seid ihr wieder besser“, sagte die Mutter und lächelte Marlon an.

„Und dann gewinnt ihr.“
Leon fühlte sich total überflüssig. Mit ihm sprach niemand. Und Oma hatten sie anscheinend auch schon vergessen. Er stand auf und blieb vor dem Sofatisch stehen.
Nach einer Weile fragte der Vater:
„Ist was?“
„Nein“, sagte Leon. „Ich geh' jetzt.“
Er würde seine Familie nie wieder sehen.
Und sie ihn auch nicht.
„Oh“, sagte Angelina, „der Herr geht. Na dann, Reisende soll man nicht aufhalten.“
Leon sah alle noch einmal an.
Dann drehte er sich um und verließ die Wohnung.

# 13

Leon hatte in den vergangenen Tagen immer wieder versucht, einen Abschiedsbrief zu schreiben. Aber er wusste einfach nicht, was er sagen wollte. Dann hatte er sich entschlossen, etwas zu schreiben, kurz bevor er die Tabletten schlucken würde. Jetzt war es so weit.
Er war den ganzen Samstag und Sonntag im Keller gewesen. Seine Familie hatte ihn bestimmt nicht vermisst. Und Benny war natürlich auch nicht gekommen.
Leon war ruhig. Er drückte die Tabletten aus der Verpackung und legte sie auf die Decke. Er setzte sich davor und sah sie an. Bald wäre alles vorbei. Die Vorstellung war aufregend. Und sie erleichterte ihn.

„Verräter", sagte er nach einer Weile.
Er dachte an Benny.
„Ihr seid alle Verräter. Ihr habt mich im Stich gelassen."
Seine Oma war die Einzige gewesen, die ihn so geliebt hatte, wie er war.

Dann nahm er den Zettel und schrieb:
*Ihr habt mich nie gesehen, wie ich wirklich bin. Für mich gibt es auf dieser Welt keinen Platz mehr. Wenn ihr das lest, werde ich schon nicht mehr leben.*
Leon sah sich das Geschriebene eine Zeit lang an. Hatte er alles gesagt, was er sagen wollte? Nach einigen Minuten schrieb er noch einen Satz dazu:
*Vielleicht werdet ihr endlich wach, wenn ich für immer schlafe.*
*Leon*

Er nahm die Tabletten, die auf der Decke lagen und steckte sie nacheinander in den Mund. Mit dem restlichen Rotwein vom Montag spülte er sie runter.
Dann legte er sich hin.
Neben ihm brannte eine Kerze.
Leon schloss die Augen und wartete.
Auf seinen Tod.

# 14

„Ich hätte nicht gedacht, dass die Umkleidekabinen so klein sind“, sagte Benny zu seiner Mutter.
Herr Fengler saß neben Benny in der Küche und lächelte. Frau Fengler hatte Bennys Lieblingsessen gekocht: Fischstäbchen mit Kartoffeln und Gurkensalat. Die beiden waren gerade aus München zurück und erzählten von ihrer Besichtigungstour des Fußballstadions.
„Die Arena ist der Hammer“, fuhr Benny fort. „Karten kriegt man da überhaupt nicht mehr. Alles ausverkauft.“
Benny schüttelte den Kopf und stopfte sich das Essen rein. Die Zugfahrt war lang gewesen, und jetzt hatte er einen mordsmäßigen Hunger.
„Und habt ihr auch mal was anderes als Fußball erlebt?“, fragte Frau Fengler.
Vater und Sohn sahen sich an und überlegten.
„Klar“, sagte Benny. „Pommesbude.“
„Oder Kino“, ergänzte der Vater.
Die Mutter verdrehte die Augen.

„Habt ihr kein Museum besucht?“, fragte sie weiter.
Die beiden sahen auf ihre Teller und aßen stumm weiter.
Nach einer Weile sagte Benny:
„Und der Raum, wo die nach den Spielen die Interviews geben, der ist gerade mal so groß wie mein Zimmer.“
Frau Fengler gab auf. Aber sie musste trotzdem lächeln.

„Ach, bevor ich es vergesse“, sagte Frau Fengler. „Leon hat am Freitag angerufen. Er klang irgendwie komisch und sagte, ihr wärt heute Abend verabredet gewesen. Und dann hat er einfach aufgelegt.“
Der Satz traf Benny wie ein Schlag. Er hörte auf, zu kauen, und ließ das Besteck auf seinen Teller fallen. Benny erinnerte sich mit einem Mal an das seltsame Gespräch, dass er letzten Montag mit Leon hatte.
„Hat der wirklich gesagt, dass wir verabredet waren?“, fragte er.
Für Benny war das Gespräch über diese Selbstmordgeschichte nicht ernst gewesen.

Dummes Gerede – nichts weiter. Und er hatte auch nicht geglaubt, dass es von Leon ernst gemeint gewesen war.
Frau Fengler sah ihn überrascht an.
„Ja, er sagte, ihr wärt für heute verabredet gewesen. Aber was ist denn los, Benny? Du bist ja ganz bleich."
Benny sprang auf und lief in den Flur. Er wusste gar nicht, was er tun sollte. Dann kam er zurück und setzte sich wieder an den Tisch. Doch er konnte nicht ruhig sitzen bleiben und sprang erneut auf. Er stellte sich ans Fenster. In den Hochhäusern gegenüber brannte überall Licht. Es war schon dunkel.
„Wie spät ist es denn?", fragte Benny. Er war richtig außer Atem.
„Kurz vor zehn", sagte Herr Fengler.
Er stand jetzt neben seinem Sohn.
„Benny, was ist los?", fragte er.
Dabei legte er eine Hand auf Bennys Schulter und sah ihm direkt in die Augen.
„Ich ... ich weiß nicht", stammelte Benny.
„Ich glaube, es ist was ... total Schlimmes passiert!"

Benny berichtete seinen Eltern von dem Montag, als er mit Leon im Keller gewesen war.
„Ich wusste echt nicht, was ich machen soll, wegen Kathie und überhaupt“, sagte Benny. „Und dann meinte Leon, dass wir uns am besten umbringen sollten. In dem Moment klang das irgendwie gut. Aber das war doch mehr so'n Rumgerede und gar nicht ernst gemeint. Zumindest war mir nicht klar, dass Leon es ernst meint.“
„So etwas muss man immer ernst nehmen“, sagte Frau Fengler.
„Und was ist jetzt mit dieser Verabredung?“, fragte Herr Fengler.
Benny sah seinen Vater mit ängstlichen Augen an.
„Es war Leons Idee, dass wir uns heute Abend treffen“, sagte er mit zitternder Stimme.
„Moment mal“, sagte Herr Fengler. „Heute wolltet ihr euch treffen und ... Selbstmord begehen? Aber wo denn?“
„Im Keller“, flüsterte Benny.

Danach ging alles sehr schnell.
Herr Fengler fuhr mit Benny im Fahrstuhl vier Etagen tiefer. Dort wohnten die Stracks. Er klingelte Sturm.
Herr Strack öffnete die Tür. Seine Haare waren zerzaust, und sein Hemd hing aus der Hose. Er war wohl auf dem Sofa eingeschlafen.
„Was gibt's?“, fragte Herr Strack und gähnte.
„Guten Abend, Herr Strack. Ist Leon zu Hause?“, fragte Herr Fengler.
Leons Vater kratzte sich am Kopf.
„Ich denke, der ist in seinem Zimmer.
Um was geht es denn?“
„Dürfen wir reinkommen?“, fragte Bennys Vater.
Herr Strack sah aus, als würde ihm das überhaupt nicht passen. Aber er machte einen Schritt zur Seite und sagte:
„Bitte, kommen Sie.“
Sie standen im Flur.
„Was hat der denn jetzt schon wieder ausgefressen?“, fragte Herr Strack.
„Können sie mal eben nachsehen, ob Leon wirklich zu Hause ist?“, sagte Herr Fengler.

„Es ist wichtig."
Jetzt kam Leons Mutter dazu.
„Leon ist nicht zu Hause", sagte sie. „Ich dachte, er wäre bei Ihnen. Aber im Moment macht er ja ohnehin nur noch, was er will. Ich blicke da nicht mehr durch."
„Bitte, wir müssen in den Keller gehen", drängelte Benny.
Herr Strack wurde langsam wach.
„Können Sie endlich mal sagen, was das soll", forderte er.
„Wir machen uns große Sorgen um Leon", sagte Herr Fengler.

Benny ging voraus. Sie betraten den Fahrradkeller. Er wurde von seinem Vater und Leons Eltern begleitet. Zuvor hatte er in kurzen Worten berichtet, was er mit Leon am letzten Montag vereinbart hatte.
„Ihr habt sie ja wohl nicht mehr alle", war das Einzige, was Herr Strack dazu gesagt hatte.
Jetzt standen sie im Halbkreis vor der niedrigen Tür.
„Die ist mir noch nie aufgefallen", sagte Frau Strack.

„Und dahinter habt ihr eure Zeit verbracht?“, fragte Herr Fengler und schüttelte den Kopf. Man sah ihm seine Überraschung und Sorge ganz deutlich an.
Benny konnte nicht antworten. Er hatte Angst vor dem, was hinter der Tür war. Er traute sich nicht, daran zu denken, ob Leon jetzt im Keller lag. Hatte er die Schlaftabletten wirklich genommen?
Anscheinend hatten alle die gleiche Angst. Letztlich war es Frau Strack, die die Tür öffnete.
„Leon!“, schrie sie und stürzte in den Keller.

Die anderen blieben stehen. Benny sah nur Leons Beine im flackernden Licht der Kerze.
„Günther! Jetzt hilf mir doch!“, rief Frau Strack.
Doch Herr Strack bewegte sich nicht.
Er stand völlig hilflos, wie versteinert, da.
Bennys Vater betrat als Nächster den Raum und kniete sich vor Leon hin, der bewegungslos am Boden lag. Er nahm die leere Schachtel mit den Schlaftabletten in die Hand.

„Wir müssen sofort den Notarzt rufen", sagte er und verließ den Keller.
Er stellte sich vor Herrn Strack.
„Jetzt stehen Sie doch nicht so rum!", rief er und schüttelte Leons Vater an den Schultern.
„Rufen Sie den Notarzt, und sagen Sie denen, was ihr Sohn geschluckt hat."
Er drückte Leons Vater die Tablettenschachtel in die Hand und schob ihn zum Keller hinaus.
Herr Strack lief durch den Gang zum Fahrstuhl.
„Willst du da wirklich rein, Benny?", fragte Herr Fengler.
Benny wusste es selbst nicht so genau.
Doch im Keller lag sein Freund. Er gab sich einen Ruck und ging hinein.
Leon lag auf der Seite. Es sah aus, als ob er schlafen würde. Es war ganz still. Nur das Weinen von Frau Strack war zu hören.
Benny hockte sich vor seinen Freund.
Leon hatte es wirklich getan. Sein Kopf war unnatürlich verdreht, und der Mund stand halb offen. Jetzt sah es schon nicht mehr wie ein ruhiger Schlaf aus. Es schien, als habe Leon sich bewegt wie bei einem Kampf.
Einem Todeskampf.

„Ist er ... tot?“, fragte Benny.
Frau Strack legte ihre Hand auf Leons Handgelenk. Vorher hatte sie nur fassungslos dagestanden. Als sie endlich etwas tat, fühlte sie seinen Puls.
„Oh, mein Gott“, flüsterte sie und sah Benny mit tränennassen Augen an.
„Er lebt!“

# 15

Leon wachte auf.
Als Erstes spürte er die schrecklichen Kopfschmerzen. Dann begriff er, dass er nicht tot war.
‚Alles war umsonst', dachte er.
Er erinnerte sich an die qualvollen Stunden, die er im Keller verbracht hatte. Es war überhaupt nicht so, wie er es sich vorgestellt hatte. Das meiste hatte er mitbekommen, und es war die Hölle gewesen. Von wegen ruhig einschlafen ...
So schlecht wie jetzt hatte er sich noch nie in seinem Leben gefühlt. Und er begriff, dass er sein Leben immer noch nicht losgeworden war.
Neben seinem Bett standen einige medizinische Geräte. Aber Leon war viel zu erschöpft, um sich dafür zu interessieren.
Zu dem Kopfschmerz war auch noch ein Schwindel gekommen. Es kam Leon so vor, als rauschte ein lautloser Wind durch seinen Körper. Ihm war ganz übel davon.
In diesem Moment kam der Arzt an sein Bett.
Es war der gleiche Arzt, der auch seine Oma

behandelt hatte, als sie ins Krankenhaus eingeliefert worden war.
„Hallo Leon“, begrüßte ihn der Arzt und holte sich einen Stuhl. Er setzte sich neben das Krankenbett.
„Es tut mir sehr leid für dich“, sagte der Arzt. „Ich hoffe, es geht dir nicht allzu schlecht. Die meisten Patienten mit einer Überdosis Schlaftabletten fühlen sich wirklich mies.“
Leon wusste gar nichts mehr. Er wusste nur, dass er alles anders gewollt hatte. Und er schämte sich so.
„Wie lange bin ich schon hier?“, fragte er. Beim Sprechen tat sein Hals weh. Sie hatten ihm den Magen ausgepumpt, um die Tabletten aus seinem Körper zu holen.
„Seit Sonntagnacht liegst du auf der Intensivstation“, antwortete der Arzt. „Heute ist Montagabend. Du hast lange geschlafen.“

Leon wusste immer noch nicht, was er sagen sollte. Ihm schien das alles so unwirklich. Irgendwie fühlte er sich gescheitert. Er hatte überlebt. Und das wollte er nicht.
„Du brauchst jetzt viel Zeit“, sagte der Arzt.

„Was du versucht hast, war sehr schwer für dich. Und die Gründe, warum du dich töten wolltest, sind bestimmt noch viel schwerer zu ertragen. Du hast das bestimmt nicht leichtfertig gemacht."
Der Arzt machte eine kurze Pause. Er schien, sehr genau zu überlegen, was er als Nächstes sagen würde.
„Ich habe das zwar noch nie selbst versucht und kann vielleicht nicht wirklich verstehen, warum du das gemacht hast. Aber wenn du mit jemandem darüber reden möchtest, kannst du es gerne mit mir tun. Ich kenne auch Leute, die sich mit so was besser auskennen als ich. Ich kann sie gerne kontaktieren. Vielleicht gibt es Dinge, die du einfach mal erzählen willst."
Leon hörte die Worte des Arztes. Er hatte sich immer jemanden gewünscht, der ihm einfach mal zuhörte. Aber im Moment konnte er mit niemandem sprechen. Leon wusste nicht, wie es weitergehen würde. Er hatte es nicht einmal fertiggebracht, sich zu töten. Leon fühlte sich auf der ganzen Linie gescheitert.

# 16

Kathie hatte alle zu sich nach Hause eingeladen. Das war etwas Besonderes. Denn erstens hatte noch nie jemand zu ihr nach Hause gedurft. Und zweitens war sie jetzt schon wieder elf Monate mit Benny zusammen.
Aber der Grund, warum alle zu Kathie kamen, war ein anderer.
„Und du glaubst, das ist genug zu essen“, fragte Frau Ziegler, Kathies Mutter.
„Mama“, stöhnte Kathie, „wir sind nicht so wie ihr.“
Kathies Mutter verzog sich mit einem süß-sauren Lächeln und überließ das Feld ihrer Tochter und deren Freunden. So hatten sie es vereinbart.
Aus den Augenwinkeln sah Kathie zu Benny, der sich für die Feier eine neue Jeans und eine Weste gekauft hatte. Er flüsterte ihr etwas ins Ohr, und Kathie kicherte.
Es klingelte. Jenny, Fabian und Betty standen vor der Tür.
„Dann kann’s ja gleich losgehen“, sagte Benny.

„Nein“, sagten die anderen fast aus einem Mund und mussten lachen.
„Es fehlt doch noch der Hauptgast“, sagte Kathie. „Ohne den können wir nicht anfangen.“
„Weiß ich doch“, sagte Benny und holte ein Feuerzeug aus der Tasche.
Kathie sah ihn fragend an.
„Für die Kerze“, beeilte sich Benny zu sagen.
Da klingelte es an der Tür.
„Jetzt aber schnell“, rief Jenny und zog die Alufolie von dem Teller, den sie mitgebracht hatte. Darunter kam ein Kuchen mit einer Kerze zum Vorschein.
„Ich zünde die Kerze an“, sagte Benny.
„Und ich mache die Tür auf“, rief Fabian.
Nach ein paar Sekunden kam Leon herein.
„Was ist denn hier los?“, fragte er.
Da begannen seine Freunde auf einmal zu singen: „Happy Birthday to you, happy Birthday to you ...“
Man konnte deutlich sehen, dass Leon überhaupt nichts mehr verstand.
„Hab’ ich was verpasst?“, fragte er.
Sein Geburtstag war erst in zwei Monaten.
Doch sie sangen einfach weiter. Leon blieb nichts anderes übrig, als zu warten.

Am Ende des Liedes klatschten alle in die Hände und gratulierten ihm.
„Auf deinen Geburtstag“, riefen sie. „Herzlichen Glückwunsch. Auf ein langes Leben!“

Leon hatte sich verändert. Er war nicht mehr so dünn. Dafür sah er älter aus.
Mit sich überschlagender Stimme fragte er:
„Jetzt erklärt mir doch endlich, was hier los ist!“
Benny trat nach vorne.
„Lieber Leon“, sagte er. „Genau heute vor einem Jahr bist du zum zweiten Mal geboren worden.“
„Denn vor einem Jahr warst du fast tot“, fuhr Kathie fort. „Und dann bist du wieder aufgewacht. Das wollen wir mit dir feiern!“
Alle schauten zu Leon und strahlten.
„Und dass du so was nicht noch mal machst“, fügte Fabian zu.
„Du sollst wissen, dass du Freunde hast“, ergänzte Betty.
„Nämlich uns“, sagte Jenny.
„Und darauf wollen wir jetzt endlich anstoßen“, sagte Benny.

Leon wusste nicht, was er sagen sollte.
Aber es fühlte sich gut an.

Die letzten Monate waren alles andere als schön gewesen.
„Ihr seid ja verrückt ...“, sagte Leon mit verschämtem Lächeln.
Leon dachte an die Zeit nach dem Krankenhaus. Es war total schwer gewesen, weiter zu leben. Das Verhältnis zu seinen Eltern war erstmal noch schlechter geworden. Vor allem sein Vater konnte nicht verstehen, warum sich sein Sohn hatte töten wollen. Eine Sozialarbeiterin war damals öfter zu ihnen nach Hause gekommen und hatte mit den Eltern und den Geschwistern viel geredet. Das hatte geholfen, dass wenigstens die ständigen Demütigungen und Abwertungen aufhörten. Doch richtig gut würde Leon sich zu Hause wohl nie fühlen.
Dafür hatte er eine Therapie begonnen und angefangen, mit einem Psychologen über seine Probleme zu sprechen. Zu diesem Mann fand Leon ganz langsam Vertrauen. Das half ihm dabei, manches anders zu

sehen und neuen Lebensmut zu schöpfen.
Auch eine Selbsthilfegruppe gab ihm neuen Halt. Denn dort trafen sich Menschen, die Ähnliches erlebt hatten wie er.
Aber das Wichtigste war für Leon die Clique. Seine Freunde hatten ihn nach dem Schock des Selbstmordversuchs einfach wieder in ihren Kreis aufgenommen.
Langsam hatte er die Lust am Leben wieder entdeckt. Sehr langsam.

„Also dann ... Prost!", sagte Leon.
Leon sah in die Gesichter seiner Freunde. Sie lachten und waren voller Freude. Er begriff, wie glücklich sie waren, dass er lebte. Sie mochten ihn so, wie er war. Das war neu für ihn. Und das musste er erst einmal lernen, anzunehmen.
Für einen Moment wurde ihm klar, was für ein Glück er hatte. Auch wenn es ihm noch immer schwerfiel, das zu glauben.
Aber er versuchte es. Immer wieder.
Jeden Tag.

# K.L.A.R. – Kurz. Leicht. Aktuell. Real.

Kurze, einfache Texte zu aktuellen Themen – dafür stehen die Romane aus der K.L.A.R.-Reihe. Taschenbücher, die spannend und leicht verständlich sind, machen Lust aufs Lesen!

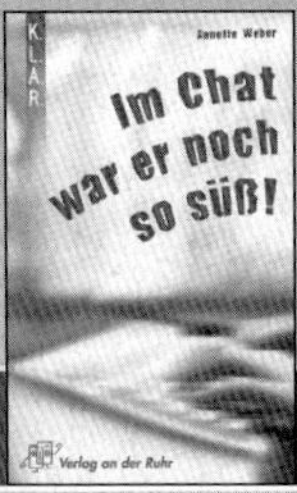


**Im Chat war er noch so süß!**
*Annette Weber*
12–16 J., 95 S.,
12 x 19 cm, Paperback
ISBN 978-3-8346-0065-3
**Best.-Nr. 60065**
**5,– € (D)**/
5,15 € (A)/9,30 CHF

**Sauf ruhig weiter, wenn du meinst!**
*Annette Weber*
12–16 J., 85 S.,
12 x 19 cm, Paperback
ISBN 978-3-86072-875-8
**Best.-Nr. 2875**
**5,– €** (D)/
5,15 € (A)/9,30 CHF

**Und schneller als die Bullen waren wir auch!**
*Kurt Wasserfall*
12–16 J., 105 S.,
12 x 19 cm, Paperback
ISBN 978-3-8346-0168-1
**Best.-Nr. 60168**
**5,– €** (D)/
5,15 € (A)/9,30 CHF

**Aber ich bin doch selbst noch ein Kind!**
*Annette Weber*
12–16 J., 97 S.,
12 x 19 cm, Paperback
ISBN 978-3-86072-977-9
**Best.-Nr. 2977**
**5,– €** (D)/
5,15 € (A)/9,30 CHF

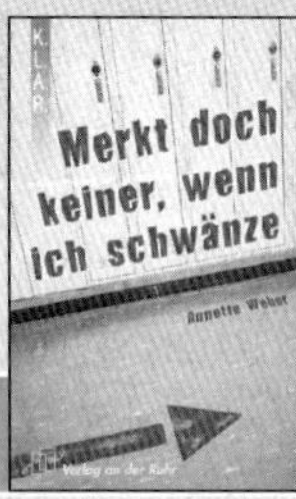


**Merkt doch keiner, wenn ich schwänze.**
*Annette Weber*
12–16 J., 97 S.,
12 x 19 cm, Paperback
ISBN 978-3-8346-0036-3
**Best.-Nr. 60036**
**5,– €** (D)/
5,15 € (A)/9,30 CHF

**Bist du schwul, oder was!**
*Frank G. Pohl*
12–16 J., 106 S.,
12 x 19 cm, Paperback
ISBN 978-3-8346-0444-6
**Best.-Nr. 60444**
**5,– €** (D)/
5,15 € (A)/9,30 CHF